Kündigung

Einleitung

Die Themen Kündigung und Kündigungsschutz haben für Betriebsräte eine große Relevanz. Betriebsräte wollen wissen, in welchen Fällen Arbeitnehmer vor Kündigungen geschützt sind und in welcher Situation die Betriebsratsmitglieder selbst einen besonderen Kündigungsschutz genießen. Ferner wollen Betriebsräte über sichere Kenntnisse verfügen, in welcher Art und Weise sie bei einer Beendigung von Arbeitsverhältnissen zu beteiligen sind.

Die Autoren haben aus ihrer langjährigen Erfahrung als Rechtsberater von Betriebsräten, als Rechtsanwälte im Rahmen von arbeitsgerichtlichen Verfahren und als Referenten für betriebsverfassungsrechtliche Seminare typische Fragen von Betriebsräten zum Kündigungsschutz sowie zur Mitbestimmung im Zusammenhang mit der Beendigung von Arbeitsverhältnissen, dh insbesondere zum Mitbestimmungsrecht gem. § 102 BetrVG, zusammengetragen. In dieser Arbeitshilfe finden sich unter Berücksichtigung der aktuellen arbeitsgerichtlichen Rechtsprechung Antworten auf diese Fragen.

Zur besseren Lesbarkeit wurde im Folgenden auf ein Gendering verzichtet: Alle Formulierungen erfassen stets alle Geschlechter.

Die Autoren

Dr. Lars Weinbrenner
Rechtsanwalt/Fachanwalt für Arbeitsrecht
weinbrenner@schwegler-rae.de
Vertretung und Beratung von Arbeitnehmern, Betriebsräten und Gewerkschaften im kollektiven und individuellen Arbeitsrecht
regelmäßige Referententätigkeit bei Seminaren für Betriebsräte im Arbeits- und Betriebsverfassungsrecht

Johan Fischer
Rechtsanwalt/Fachanwalt für Arbeitsrecht
mail@fachanwalt-fischer.com
Vertretung und Beratung von Mandanten im kollektiven und individuellen Arbeitsrecht
regelmäßige Referententätigkeit bei Seminaren für Betriebsräte im Arbeits- und Betriebsverfassungsrecht

Inhaltsübersicht

I. Grundbegriffe zum Thema Kündigung
Fragen 1–15

II. Kündigungserklärung
Fragen 16–24

III. Kündigungsfrist
Fragen 25–34

IV. Anwendung des Kündigungsschutzgesetzes
Fragen 35–48

V. Kündigungsgründe nach dem Kündigungsschutzgesetz
Fragen 49–50

VI. Betriebsbedingte Kündigung
Fragen 51–76

VII. Personenbedingte Kündigung
Fragen 77–83

VIII. Verhaltensbedingte Kündigung – Ordentliche Kündigung
Fragen 84–90

IX. Verhaltensbedingte Kündigung – Außerordentliche Kündigung
Fragen 91–97

X. Abmahnung
Fragen 98–103

XI. Änderungskündigung
Fragen 104–107

XII. Beteiligung des Betriebsrats bei Kündigungen
Fragen 108–151

XIII. Sonstige Beendigung eines Arbeitsverhältnisses
Fragen 152–156

XIV. Abfindung
Fragen 157–163

XV. Kündigungsschutz für Betriebsräte
Fragen 164–173

XVI. Kündigungsschutz im Zusammenhang mit einer Betriebsratswahl
Fragen 174–186

XVII. Sonderkündigungsschutz
Fragen 187–193

XVIII. Massenentlassungsanzeige
Fragen 194–198

XIX. Gerichtliches Verfahren
Fragen 199–207

XX. Weiterbeschäftigungsanspruch
Fragen 208–214

Muster

Der Inhalt der 4. Auflage entspricht dem Inhalt der Online-Edition 35/2024

www.betriebsrat-plus.beck.de
www.vahlen.de

ISBN 978 3 8006 7488 6

Wilhelmstraße 9, 80801 München
Druck und Bindung: Himmer GmbH
Steinerne Furt 95, 86167 Augsburg

Redaktion: Sandra Eden, Ass. jur., Verlag Franz Vahlen GmbH, München

Satz: Druckerei C.H.Beck, Nördlingen
Umschlaggestaltung: Martina Busch, Grafikdesign, Homburg Saar

vahlen.de/nachhaltig

Gedruckt auf säurefreiem, alterungsbeständigem Papier
(hergestellt aus chlorfrei gebleichtem Zellstoff)

I. Grundbegriffe zum Thema Kündigung

In der Praxis wird der Begriff der Kündigung in vielfältiger Weise verwendet. Oftmals wird begrifflich zwischen verschiedenen Arten einer Kündigung differenziert, zB ordentliche und außerordentliche Kündigung. Teilweise wird von betriebsbedingten, verhaltensbedingten und personenbedingten Kündigungen gesprochen. Die nachfolgenden Fragen befassen sich zunächst mit wichtigen Grundbegriffen zum Thema Kündigung.

1. Was ist eine Kündigung?

Die Kündigung ist eine sog. einseitige empfangsbedürftige Willenserklärung, die auf das Herbeiführen der Auflösung des Arbeitsverhältnisses gerichtet ist. Die Kündigung ist eines der möglichen **Auflösungsinstrumente für das Rechtsverhältnis „Arbeitsvertrag“** (→ *Frage 152: Was ist ein Aufhebungsvertrag?*). Aufgrund der existenzsichernden Funktion von Arbeitsverhältnissen ist die Kündigung gewissen **gesetzlichen Einschränkungen** unterworfen. Dies äußert sich in den Anforderungen an die Form (→ *Frage 17: Welche Form muss eine Kündigung haben?*), die Frist (→ *Frage 25: Wie lässt sich die Kündigungsfrist eines Arbeitnehmers ermitteln?*) sowie das Verfahren. Ebenso gibt es teilweise inhaltliche Anforderungen wie etwa zB das Erfordernis eines Kündigungsgrundes gem. § 1 KSchG (→ *Frage 49: Was ist die Voraussetzung für die Unwirksamkeit einer Kündigung nach dem KSchG?*).

2. Was ist eine betriebsbedingte Kündigung?

Bei einer betriebsbedingten Kündigung entfällt der Arbeitsplatz aufgrund einer unternehmerischen Entscheidung des Arbeitgebers. Die Besonderheit bei dieser Kündigung liegt also darin, dass der **Kündigungsgrund nicht in der Sphäre des betroffenen Arbeitnehmers** liegt, sondern das Arbeitsverhältnis einseitig beendet werden kann aus Gründen, die in der **Sphäre des Arbeitgebers** liegen (→ *Frage 51: Welche Voraussetzungen muss eine betriebsbedingte Kündigung erfüllen?*).

→ *Muster 1: Übersicht Prüfungsreihenfolge einer betriebsbedingten Kündigung*

3. Was ist eine personenbedingte Kündigung?

Bei einer personenbedingten Kündigung liegt der Kündigungsgrund in einer **Eigenschaft des Arbeitnehmers** und bezieht sich nicht auf ein steuerbares Verhalten. Dies ist das entscheidende Merkmal für die Abgrenzung zu einer verhaltensbedingten Kündigung (→ *Frage 4: Was ist eine verhaltensbedingte Kündigung?*). Voraussetzung für eine personenbedingte Kündigung ist, dass der Arbeitnehmer aufgrund persönlicher Fähigkeiten, Eigenschaften oder nicht vorwerfbarer Einstellung nicht mehr in der Lage ist, künftig eine vertragsgerechte Leistung zu erbringen (BAG 10.4.2014 – 2 AZR 812/12). Ein Beispiel für eine personenbedingte Kündigung ist die krankheitsbedingte Kündigung (→ *Frage 77: Was sind die Voraussetzungen für eine personenbedingte Kündigung?*).

→ *Muster 3: Übersicht Prüfungsreihenfolge einer personenbedingten Kündigung wegen Krankheit*

4. Was ist eine verhaltensbedingte Kündigung?

Eine verhaltensbedingte Kündigung knüpft an **Gründe** an, die sich aus einem **steuerbaren Verhalten des Arbeitnehmers gegenüber dem Arbeitgeber, seinen Arbeitskollegen oder Dritten ergeben** und das Arbeitsverhältnis unmittelbar beeinflussen. Dabei kommen Leistungsstörungen, Verletzungen vertraglicher Hauptpflichten (zB unentschuldigtes Fehlen) oder Verletzungen von arbeitsvertraglichen Nebenpflichten (zB Verletzung der Anzeige- und Nachweispflicht bei einer Arbeitsunfähigkeit) in Betracht. Auch Störungen der betrieblichen Ordnung (zB grobe Beleidigung des Arbeitgebers oder von Kollegen) sind als verhaltensbedingte Kündigungsgründe denkbar (→ *Frage 84: Welche Voraussetzungen bestehen für eine ordentliche verhaltensbedingte Kündigung?*).

→ *Muster 4: Übersicht Prüfungsreihenfolge einer ordentlichen verhaltensbedingten Kündigung*

→ *Muster 5: Übersicht Prüfungsreihenfolge einer verhaltensbedingten außerordentlichen Kündigung*

5. Was ist eine außerordentliche Kündigung?

Der Begriff außerordentliche Kündigung wird regelmäßig dann verwendet, wenn ein wichtiger Grund dafür vorliegt, dass der Arbeitnehmer ohne Einhaltung der eigentlich geltenden Kündigungsfrist gekündigt wird. Gem. § 626 BGB müssen für diesen **wichtigen Grund** Tatsachen vorliegen, aufgrund derer dem Kündigenden unter Berücksichtigung aller Umstände des Einzelfalls und unter Abwägung der Interessen beider Vertragsteile die **Fortsetzung des Arbeitsverhältnisses nicht zumutbar ist.** In aller Regel liegt bei einer außerordentlichen Kündigung ein schwerwiegendes Fehlverhalten eines Arbeitnehmers vor. Der Hauptanwendungsfall der außerordentlichen Kündigung ist daher die verhaltensbedingte Kündigung (→ *Frage 91: Was sind die Voraussetzungen für eine außerordentliche Kündigung?*).

→ *Muster 5: Übersicht Prüfungsreihenfolge einer verhaltensbedingten außerordentlichen Kündigung*

6. Was ist eine fristlose Kündigung?

Der Begriff fristlose Kündigung wird in der Praxis häufig anstelle des Begriffs **außerordentliche Kündigung** verwendet, denn in der Regel beendet der Arbeitgeber bei einer außerordentlichen Kündigung das Arbeitsverhältnis ohne Einhaltung einer Kündigungsfrist. Außerordentliche Kündigungen können jedoch auch mit einer Frist ausgesprochen werden. Teilweise ist der Arbeitgeber sogar verpflichtet, eine sog. soziale Auslauffrist (→ *Frage 7: Was ist eine Kündigung mit sozialer Auslauffrist?*) einzuhalten (vgl. BAG 18.6.2015 – 2 AZR 480/14).

7. Was ist eine Kündigung mit sozialer Auslauffrist?

Arbeitnehmer können durch Gesetz, Tarifvertrag oder Betriebsvereinbarung vor ordentlichen Kündigungen geschützt sein (→ *Frage 187: Wo finden sich Regelungen zum Sonderkündigungsschutz?*). Sie können also nur außerordentlich gekündigt werden. Es wäre dann aber unbillig, wenn diese besonders geschützten Arbeitnehmer bei Vorliegen der Voraussetzungen für eine außerordentliche Kündigung fristlos gekündigt würden. Sie wären in diesem Fall schlechter gestellt als ein nicht geschützter Arbeitnehmer. Vor dem Hintergrund ist in diesen Fällen eine soziale Auslauffrist zu gewähren, die in der Regel der Kündigungsfrist entspricht, die für die ordentliche Kündigung gilt.

8. Was ist eine ordentliche Kündigung?

Jede Kündigung, die nicht in einer außerordentlichen Kündigung besteht, kann als ordentliche Kündigung bezeichnet werden. Eine ordentliche Kündigung kann aus betriebs-, personen- oder verhaltensbedingten Gründen ausgesprochen werden. Dabei muss der Arbeitgeber die gesetzlichen oder vertraglichen **Kündigungsfristen** beachten (→ *Frage 25: Wie lässt sich die Kündigungsfrist eines Arbeitnehmers ermitteln?*).

9. Was ist eine fristgemäße Kündigung?

Von einer fristgemäßen Kündigung spricht man dann, wenn bei dem Ausspruch der Kündigung die gesetzlichen oder vertraglichen Kündigungsfristen eingehalten werden. Man spricht diesbezüglich auch von einer **ordentlichen Kündigung.** Das Ge-

genstück zur fristgemäßen Kündigung ist die fristlose Kündigung (→ *Frage 6: Was ist eine fristlose Kündigung?*).

→ *Muster 5: Übersicht Prüfungsreihenfolge einer verhaltensbedingten außerordentlichen Kündigung*

10. Was ist eine Druckkündigung?

Von einer Druckkündigung spricht man dann, wenn von der Belegschaft, einer Gewerkschaft, dem Betriebsrat, einer Aufsichtsbehörde oder von einem Kunden des Arbeitgebers unter Androhung von Nachteilen für den Arbeitgeber **verlangt wird, einem Arbeitnehmer zu kündigen.** Die Drucksituation als solche kann **in Ausnahmefällen** einen wichtigen Grund für eine außerordentliche Kündigung sowie einen Grund für eine ordentliche Kündigung darstellen. Dies kann der Fall sein, wenn die Kündigung der **„letzte Ausweg“** zur Abwendung eines dem Arbeitgeber andernfalls drohenden massiven Schadens ist. Der Arbeitgeber muss aber grundsätzlich versuchen, die Kündigung abzuwenden. Nur wenn sämtliche Bemühungen keinen Erfolg haben (zB Versuche, die Belegschaft umzustimmen), kommt eine wirksame Druckkündigung in Betracht (BAG 18.7.2013 – 6 AZR 420/12). Der Arbeitgeber hat sich insbesondere **schützend** vor den Betroffenen zu stellen und alles Zumutbare zu versuchen, um den Dritten von seinem Kündigungsverlangen abzubringen. Verlangt wird ein aktives Handeln, das darauf gerichtet ist, den Druck abzuwehren (BAG 19.7.2016 – 2 AZR 637/15).

11. Was ist eine Verdachtskündigung?

Eine Verdachtskündigung liegt vor, wenn der Arbeitgeber seine Kündigung damit begründet, gerade der **Verdacht eines (nicht erwiesenen) strafbaren Verhaltens oder einer schwerwiegenden Pflichtverletzung** habe das für die Fortsetzung des Arbeitsverhältnisses erforderliche Vertrauen zerstört (vgl. BAG 21.6.2012 – 2 AZR 694/11). Der Unterschied zu einer Tatkündigung liegt darin, dass bei einer Tatkündigung für den Kündigungsentschluss maßgeblich ist, dass der Arbeitnehmer nach Überzeugung des Arbeitgebers eine strafbare Handlung tatsächlich begangen hat und deshalb die Fortführung des Arbeitsverhältnisses unzumutbar ist. Weil nur ein Verdacht die Kündigung trägt, sind **besonders strenge Anforderungen** an die Verdachtskündigung zu stellen (→ *Frage 94: Was ist eine außerordentliche Verdachtskündigung?*).

12. Was ist eine Probezeitkündigung?

Der Begriff Probezeit wird in verschiedenen Zusammenhängen benutzt. Zum einen kann der Begriff im Zusammenhang mit einer Befristung zur Erprobung gem. § 14 Abs. 1 Nr. 5 TzBfG verwendet werden. Zum anderen ist in § 622 Abs. 3 BGB die Möglichkeit vorgesehen, dass die Arbeitsvertragsparteien eine **Probezeit vereinbaren.** Ist dies der Fall, beträgt die **Kündigungsfrist** in dieser Zeit lediglich **zwei Wochen** (→ *Frage 29: Welche Kündigungsfrist gilt während der Probezeit?*). Schließlich wird der Begriff auch mit der Wartezeit gem. § 1 KSchG von sechs Monaten gleichgesetzt (→ *Frage 36: Wann greift das KSchG?*) und es wird davon gesprochen, dass der Arbeitnehmer nach Ablauf der Wartezeit die „Probezeit bestanden hat“. In der Regel ist mit dem Begriff Probezeitkündigung eine Kündigung innerhalb der Wartezeit gem. § 1 KSchG gemeint.

13. Was ist eine Änderungskündigung?

Eine Änderungskündigung liegt dann vor, wenn der Arbeitgeber das Arbeitsverhältnis **kündigt** und dem Arbeitnehmer im Zusammenhang mit der Kündigung die **Fortsetzung des Arbeitsverhältnisses zu geänderten Bedingungen** anbietet (§ 2 KSchG). Das bedeutet, dass eine Änderungskündigung aus zwei Elementen besteht. Zum einen spricht der Arbeitgeber eine „normale“ Beendigungskündigung aus. Zum anderen bietet er aber dem Arbeitnehmer eine Fortsetzung des Arbeitsverhältnisses mit einer Änderung des bisherigen Arbeitsvertrags an (→ *Frage 104: Wann ist eine Änderungskündigung notwendig?*).

→ *Muster 7: Übersicht Reaktionsmöglichkeiten bei einer Änderungskündigung*

14. Was ist eine Eigenkündigung?

Von einer **Eigenkündigung** spricht man dann, wenn der Arbeitnehmer selbst kündigt. Für eine Eigenkündigung ist die gleiche **Form** einzuhalten wie bei einer Kündigung durch den Arbeitgeber (→ *Frage 17: Welche Form muss eine Kündigung haben?*). Der Arbeitnehmer hat eine **Kündigungsfrist** einzuhalten, die sich aus § 622 Abs. 1 BGB, einem Tarifvertrag oder dem Arbeitsvertrag ergibt (→ *Frage 32: Sind die Kündigungsfristen für den Arbeitgeber und den Arbeitnehmern immer gleich?*). In Ausnahmefälle ist auch eine fristlose Kündigung durch den Arbeitnehmer gem. § 626 BGB möglich.

15. Was ist eine Wiederholungskündigung?

Eine Wiederholungskündigung liegt vor, wenn eine Kündigung **auf Gründe gestützt** wird, die der Arbeitgeber schon zur **Begründung einer vorhergehenden Kündigung** vorgebracht hat. Eine solche Wiederholungskündigung ist unzulässig, wenn die Gründe in einem früheren Kündigungsschutzprozess mit dem Ergebnis **materiell geprüft** worden sind, dass sie die Kündigung nicht tragen. Dies gilt allerdings nur bei einem **identischen Kündigungssachverhalt.** Hat sich dieser **wesentlich geändert,** darf der Arbeitgeber ein weiteres Mal kündigen. Ebenfalls kann eine Kündigung wiederholt werden, wenn diese zunächst aus **formellen Gründen** (zB fehlerhafte Anhördung des Betriebsrats) für unwirksam erklärt worden ist (BAG 27.4.2021 – 2 AZR 357/20).

II. Kündigungserklärung

In der Praxis stellt sich häufig die Frage, ob die Kündigung in der richtigen Form ausgesprochen wurde und zu welchem Zeitpunkt der Zugang der Kündigung erfolgt ist. Schließlich hat der Zeitpunkt des Zugangs u. a. Auswirkungen auf die vom Arbeitgeber einzuhaltende Kündigungsfrist sowie die Frist zur Einlegung der Kündigungsschutzklage. Die nachfolgenden Fragen befassen sich daher mit dem Zugang und der Form. Ebenso wird erörtert, welche Personen Kündigungen aussprechen dürfen.

16. Wie erklärt der Arbeitgeber eine Kündigung?

Eine Kündigungserklärung liegt vor, wenn der Arbeitgeber gegenüber dem Arbeitnehmer eine (einseitige) Willenserklärung abgibt, in der zum Ausdruck gebracht wird, dass er das Arbeitsverhältnis **einseitig lösen** möchte. In der Praxis wird der Arbeitgeber das Wort „Kündigung“ auch verwenden. Zwingend ist dies allerdings nicht (BAG 13.1.1982 – 7 AZR 757/79). Ausreichend kann auch folgende Formulierung sein: „Hiermit beenden wir Ihr Arbeitsverhältnis.“

17. Welche Form muss eine Kündigung haben?

Gem. § 623 BGB bedarf die Kündigung eines Arbeitsverhältnisses der **Schriftform.** Die elektronische Form ist ausgeschlossen. Durch das Formerfordernis soll **Rechtssicherheit** für die Arbeitsvertragsparteien und eine Beweiserleichterung im Rechtsstreit bewirkt werden. Die Schriftform iSd § 623 BGB ist dann erfüllt, wenn die Kündigungserklärung eigenhändig durch Namensunterschrift unterzeichnet wurde. Damit soll dem Arbeitnehmer die Möglichkeit zur Prüfung eingeräumt werden, wer die Erklärung abgegeben hat und ob die **Erklärung echt** ist (BAG 24.1.2008 – 6 AZR 519/07). Wurde die Form nicht eingehalten, ist die Kündigung gem. § 125 S. 1 BGB unwirksam (→ *Frage 48: Aus welchen Gründen außerhalb des KSchG kann eine Kündigung unwirksam sein?*).

18. Muss der Arbeitnehmer eine Kündigung nach deren Erhalt unterschreiben?

Eine Kündigung ist ein einseitiges Rechtsgeschäft des Arbeitgebers. Der Arbeitnehmer muss die Kündigung also nicht unterschreiben, damit diese wirksam wird. Häufig verlangen Arbeitgeber, dass der Arbeitnehmer den Erhalt der Kündigung **durch Unterschrift bestätigt.** Eine Verpflichtung des Arbeitnehmers für eine solche Bestätigung gibt es allerdings nicht. Der Arbeitgeber kann auch auf andere Weise den **Zugang** einer Kündigung **beweisen** (zB Zeugen). Vor diesem Hintergrund kann sich ein Anspruch nicht aus der Rücksichtnahmepflicht des Arbeitnehmers gem. § 241 Abs. 2 BGB ergeben.

19. Wann geht dem Arbeitnehmer die Kündigung zu, wenn sie ihm persönlich übergeben wird?

Die Kündigung wird mit **Aushändigung** des Schriftstücks an den Erklärungsempfänger wirksam. Unerheblich ist, ob der Empfänger das ihm übergebene Schreiben tatsächlich liest oder den Brief ungeöffnet zurückgibt oder gar die Entgegennahme des Schreibens verweigert. Der Empfänger einer Kündigung kann den Zugang nicht dadurch **verzögern und verhindern,** dass er den Brief nicht öffnet und nicht liest (BAG 7.1.2004 – 2 AZR 388/03; LAG Hamm 4.12.2003 – 4 Sa 900/03).

20. Wann geht dem Arbeitnehmer die Kündigung zu, wenn sie ihm nicht persönlich übergeben wird?

Eine Kündigung geht dem Arbeitnehmer zu, sobald sie in **verkehrsüblicher Weise** in seine tatsächliche **Verfügungsgewalt** gelangt und für ihn unter **gewöhnlichen Verhältnissen** die Möglichkeit besteht, das Schreiben zur **Kenntnis zu nehmen.** Zum Bereich des Arbeitnehmers gehören auch von ihm vorgehaltene Empfangseinrichtungen (zB Briefkasten). Ob die Möglichkeit der Kenntnisnahme bestand, beurteilt sich nach den „gewöhnlichen Verhältnissen“ und den „Gepflogenheiten des Verkehrs“. Eine Kündigung geht dann zu, wenn nach der Verkehrsanschauung mit der nächsten **Entnahme aus dem Briefkasten** zu rechnen ist. Dabei ist nicht auf die individuellen Verhältnisse des konkreten Arbeitnehmers abzustellen, sondern im Interesse der Rechtssicherheit eine generalisierende Betrachtung vorzunehmen. Bei Hausbriefkästen ist mit einer Leerung im Allgemeinen zum Zeitpunkt der üblichen **Postzustellzeiten** zu rechnen, die allerdings stark variieren können (BAG 22.3.2012 – 2 AZR 224/11). Teilweise wird davon ausgegangen, dass nur bei einem Einwurf bis 16 Uhr noch mit der Kenntnisnahme am selben Tag zu rechnen ist. Wirft der Arbeitgeber die Kündigung erst nach diesem Zeitpunkt in den Briefkasten, so ist von einem Zugang der Kündigung erst am nächsten Tag auszugehen (LAG Hmb 13.2.2014 – 8 Sa 68/13).

21. Kann dem Arbeitnehmer eine Kündigung zugehen, wenn er sich im Urlaub befindet?

Für den Zugang einer Kündigung ist unerheblich, ob und wann der Arbeitnehmer die Kündigungserklärung tatsächlich **zur Kenntnis genommen** hat. Insoweit ist auch nicht zu berücksichtigen, ob er daran durch Krankheit, zeitweilige **Abwesenheit** oder andere besondere Umstände einige Zeit gehindert ist. Der Arbeitnehmer muss die nötigen Vorkehrungen für eine tatsächliche Kenntnisnahme treffen. Unterlässt er dies, so wird der Zugang durch solche – allein in seiner Person liegende – Gründe nicht ausgeschlossen. Eine Kündigung kann daher sogar dann zugehen, wenn der Arbeitgeber in Kenntnis der Urlaubsabwesenheit des Arbeitnehmers eine Kündigung in dessen Briefkasten einwirft (BAG 22.3.2012 – 2 AZR 224/11) (→ *Frage 203: Was ist, wenn der Arbeitnehmer erst nach Ablauf der Drei-Wochen-Frist erfährt, dass ihm eine Kündigung zugegangen ist?*).

22. Wer ist berechtigt, eine Kündigung für den Arbeitgeber auszusprechen?

Andere Personen können für den Arbeitgeber Kündigungen erklären bzw. unterzeichnen. Dies ist bei juristischen Personen der Fall, wenn die Personen **gesetzlich befugt** sind, Erklärungen für den Arbeitgeber abzugeben (zB Geschäftsführer einer GmbH). Im Übrigen kann der Arbeitgeber bzw. dessen gesetzlicher Vertreter jede beliebige Person **bevollmächtigen,** Kündigungen auszusprechen (zB Personalleiter).

23. Was ist, wenn der Arbeitnehmer nicht weiß, ob der Unterzeichner die Berechtigung zum Ausspruch einer Kündigung hat?

Der Arbeitnehmer kann die Kündigung **zurückweisen,** wenn er nicht weiß, ob der Unterzeichner zum Ausspruch von Kündigungen berechtigt ist. Dies ergibt sich aus § 174 S. 1 BGB. Danach ist eine Kündigung unwirksam, wenn der Vertreter des Arbeitgebers (sog. Bevollmächtigter) der Kündigung keine Urkunde beifügt, aus der sich ergibt, dass er zum Ausspruch von Kündigungen für den Arbeitgeber berechtigt ist (sog. **Vollmachtsurkunde**). Voraussetzung für die Unwirksamkeit ist, dass der Arbeitnehmer **unverzüglich** (→ *Frage 24: Wann ist eine Zurückweisung der Kündigung unverzüglich?*) die Kündigung aus diesem Grund zurückweist. Die Zurückweisung ist allerdings gem. § 174 Abs. 2 BGB ausgeschlossen, wenn der Arbeitgeber den Arbeitnehmer von der **Bevollmächtigung** in Kenntnis gesetzt hat. Dabei wird davon ausgegangen, dass dies auch der Fall ist, wenn der Arbeitgeber bestimmte Mitarbeiter in eine Stelle beruft, die üblicherweise mit einem Kündigungsrecht verbunden ist (zB Prokurist, Personalleiter). In diesem Fall muss der Arbeitnehmer aber auch darüber informiert worden sein, dass eine derartige Berufung erfolgt, ggf. auch durch eine Veröffentlichung im **Handelsregister,** vgl. § 15 Abs. 2 HGB (BAG 25.9.2014 – 2 AZR 567/13).

Praxistipp

In der Regel spricht der Arbeitgeber nach Zurückweisung der Kündigung nochmals eine Kündigung unter Beifügung einer Vollmachtsurkunde aus. Allerdings kann diese „zweite" Kündigung unter Umständen nicht mehr so fristgerecht ausgesprochen werden, dass das ursprünglich geplante Beendigungsdatum eingehalten werden kann.

Formulierungsmuster

„Hiermit weise ich die Kündigung gem. § 174 BGB wegen fehlender Beifügung einer Vollmachtsurkunde zurück. Mir ist nicht bekannt, ob der Unterzeichner der Kündigung berechtigt ist, Kündigungen auszusprechen."

24. Wann ist eine Zurückweisung der Kündigung unverzüglich?

Unverzüglich bedeutet gem. § 121 Abs. 1 BGB ohne schuldhaftes Zögern. Die Zurückweisung einer Kündigungserklärung gem. § 174 S. 1 BGB ist nach einer Zeitspanne von mehr als **einer Woche** ohne das Vorliegen besonderer Umstände des Einzelfalls nicht mehr unverzüglich. Hingegen können fünf Arbeitstage noch unverzüglich sein. Die Frist beginnt mit der tatsächlichen Kenntnis des Arbeitnehmers von der Kündigung und der fehlenden Vorlegung der Vollmachtsurkunde und nicht mit dem Zugang der Kündigung (BAG 8.12.2011 – 6 AZR 354/10).

III. Kündigungsfrist

In den folgenden Fragen und Antworten wird dargestellt, welche Kündigungsfristen vom Arbeitgeber einzuhalten sind, wenn er einen Arbeitnehmer kündigen möchte.

25. Wie lässt sich die Kündigungsfrist eines Arbeitnehmers ermitteln?

Will der Arbeitnehmer seine Kündigungsfrist ermitteln, muss er im ersten Schritt prüfen, ob für ihn ein **Tarifvertrag** zur Anwendung kommt (→ *Frage 26: Wann gelten die in einem Tarifvertrag vereinbarten Kündigungsfristen für das Arbeitsverhältnis?*). Schließlich gilt in diesem Fall gem. § 622 Abs. 4 BGB die dort geregelte Frist. Kommt kein Tarifvertrag zur Anwendung, ergibt sich die Kündigungsfrist grundsätzlich aus § 622 Abs. 1–3 BGB. Zum Schluss ist zu prüfen, ob ggf. eine vom Tarifvertrag oder von § 622 Abs. 1–3 BGB abweichende Kündigungsfrist im **Arbeitsvertrag** vereinbart wurde. Soweit diese Frist länger ist, gilt diese (sog. **Günstigkeitsprinzip**). Ist die arbeitsvertragliche Kündigungsfrist geringer, ist zu prüfen, ob die Voraussetzungen des § 622 Abs. 5 BGB vorliegen (→ *Frage 31: Kann von den gesetzlichen Kündigungsfristen gem. § 622 Abs. 1–3 BGB durch einen Arbeitsvertrag abgewichen werden?*). Ist dies nicht der Fall, so gilt die in § 622 Abs. 1–3 BGB geregelte Frist (→ *Frage 28: Welche gesetzlichen Kündigungsfristen gelten für den Arbeitgeber?*).

26. Wann gelten die in einem Tarifvertrag vereinbarten Kündigungsfristen für das Arbeitsverhältnis?

In einem Tarifvertrag vereinbarte Kündigungsfristen gelten dann, wenn der Tarifvertrag für das Arbeitsverhältnis aufgrund beiderseitiger **Tarifbindung** zur Anwendung kommt. Im Regelfall setzt dies gem. § 3 TVG voraus, dass der Arbeitgeber Mitglied im Arbeitgeberverband ist, der den Tarifvertrag geschlossen hat. Der Arbeitnehmer muss Mitglied der Gewerkschaft sein, die den Tarifvertrag mit vereinbart hat. Ist ein Tarifvertrag gem. § 5 TVG für allgemeinverbindlich erklärt worden, gelten dessen Kündigungsfristen ebenfalls. Sind diese Voraussetzungen nicht erfüllt, kann gem. § 622 Abs. 4 BGB dennoch die in einem Tarifvertrag geregelte Kündigungsfrist zur Anwendung kommen. Dies setzt allerdings voraus, dass im Arbeitsvertrag die Anwendung des Tarifvertrags vereinbart wurde (sog. **Bezugnahme**) und der Geltungsbereich des Tarifvertrags das Arbeitsverhältnis erfasst. Das bedeutet, dass die Arbeitsvertragsparteien nicht einfach irgendeinen Tarifvertrag in Bezug nehmen können. Es muss sich vielmehr um den Tarifvertrag handeln, der für die Branche bzw. Region des Arbeitgebers zur Anwendung kommt.

27. Können Kündigungsfristen in einem Tarifvertrag geringer sein als die gesetzlichen Kündigungsfristen gem. § 622 Abs. 1–3 BGB?

Ja, denn § 622 Abs. 4 BGB sieht keine Einschränkung dahin gehend vor, dass die Tarifvertragsparteien stets günstigere Kündigungsfristen als in § 622 Abs. 1–3 BGB vereinbaren müssen. Die Besonderheit ist gerade, dass auch **ungünstigere Kündigungsfristen** vereinbart werden können. Hintergrund dafür ist die Überlegung des Gesetzgebers, dass dadurch den Besonderheiten der einzelnen Wirtschaftszweige bzw. Beschäftigungsgruppen Rechnung getragen werden kann.

28. Welche gesetzlichen Kündigungsfristen gelten für den Arbeitgeber?

Gem. § 622 Abs. 1 BGB kann ein Arbeitnehmer mit einer Frist von vier Wochen zum Fünfzehnten oder zum Ende eines Kalendermonats gekündigt werden. Besteht das Arbeitsverhältnis länger als zwei Jahre, verlängert sich die Kündigungsfrist gem. § 622 Abs. 2 BGB auf einen Monat zum Ende eines Kalendermonats. Besteht das Arbeitsverhältnis noch länger, so steigt die Dauer der Kündigungsfrist in Abhängigkeit vom **Bestand des Arbeitsverhältnisses.** Die maximale Kündigungsfrist ist nach 20 Jahren erreicht. Sie beträgt sieben Monate zum Ende eines Kalendermonats.

29. Welche Kündigungsfrist gilt während der Probezeit?

Wurde zwischen Arbeitgeber und Arbeitnehmer eine Probezeit vereinbart, so beträgt in diesem Zeitraum die Kündigungsfrist zwei Wochen. Allerdings kann eine **Probezeit** nur für die Dauer von sechs Monaten vereinbart werden. Nach Ablauf von sechs Monaten gilt die Kündigungsfrist gem. § 622 Abs. 1 BGB. Zu beachten ist, dass eine Kündigung in der Probezeit bis zum letzten Tag des Ablaufs der Probezeit erfolgen kann (→ *Frage 12: Was ist eine Probezeitkündigung?*). Maßgeblich ist insoweit der Zugang der Kündigung (→ *Frage 19: Wann geht dem Arbeitnehmer die Kündigung zu, wenn sie ihm persönlich übergeben wird?*). Das Ende des Arbeitsverhältnisses unter Einhaltung der Kündigungsfrist kann auch außerhalb der Probezeit liegen.

30. Welche Zeiten werden für die Berechnung der Kündigungsfrist gem. § 622 Abs. 2 BGB berücksichtigt?

Es werden zunächst die Zeiten ab dem Beginn des Arbeitsverhältnisses bis zum Zugang der Kündigung berücksichtigt. War der Arbeitnehmer bereits vor Beginn des nun gekündigten Arbeitsverhältnisses im Unternehmen beschäftigt, sind diese **vorherigen Beschäftigungszeiten** mit zu berücksichtigen, wenn ein enger zeitlicher und sachlicher Zusammenhang zwischen dem jetzigen und dem vorherigen Arbeitsverhältnis besteht, zB die nahtlose Fortsetzung am gleichen Arbeitsplatz (BAG 18.9.2003 – 2 AZR 330/02). Bei der Berechnung der Beschäftigungsdauer nach § 622 Abs. 2 BGB ist ein **Berufsausbildungsverhältnis,** aus dem der Auszubildende in ein Arbeitsverhältnis übernommen wurde, ebenfalls zu berücksichtigen (BAG 2.12.1999 – 2 AZR 139/99). War der Arbeitnehmer als **Leiharbeitnehmer** vor dem Arbeitsverhältnis bereits in dem Betrieb des Entleihers eingegliedert, sind diese Zeiten nicht zu berücksichtigen (BAG 20.2.2014 – 2 AZR 859/11). Ebenfalls gilt dies für Zeiten, in denen ein Arbeitnehmer bei einem Unternehmen des gleichen **Konzerns** beschäftigt war. Es besteht allerdings die Möglichkeit, vertraglich zu vereinbaren, dass bestimmte Vorbeschäftigungszeiten bei der Berechnung der Kündigungsfrist gem. § 622 Abs. 2 BGB berücksichtigt werden (→ *Frage 38: Werden Beschäftigungszeiten als Leiharbeitnehmer auf die Wartezeit gem. § 1 KSchG angerechnet?*).

Formulierungsmuster

„Als Betriebszugehörigkeit werden Zeiten angerechnet, in denen der Arbeitnehmer unmittelbar vor Beginn des Arbeitsverhältnisses bereits als Leiharbeitnehmer in Betrieben der X GmbH eingegliedert war."

„Als Betriebszugehörigkeit werden Zeiten angerechnet, in denen der Arbeitnehmer unmittelbar vor Beginn des Arbeitsverhältnisses bei der Y GmbH oder einem mit dieser verbundenen Konzernunternehmen beschäftigt war."

31. Kann von den gesetzlichen Kündigungsfristen gem. § 622 Abs. 1–3 BGB durch einen Arbeitsvertrag abgewichen werden?

Von den Kündigungsfristen gem. § 622 Abs. 1–3 BGB kann stets zugunsten des Arbeitnehmers abgewichen werden (sog. **Günstigkeitsprinzip**). Eine Abweichung im Rahmen eines Arbeitsvertrags ist zudem im Rahmen einer vereinbarten Probezeit gem. § 622 Abs. 3 BGB möglich. Ferner sieht § 622 Abs. 5 BGB in zwei Ausnahmefällen die Möglichkeit vor, dass durch arbeitsvertragliche Vereinbarungen die eigentlich geltenden Kündigungsfristen reduziert werden. Zum einen besteht für sog. Aushilfsarbeitsverhältnisse die Möglichkeit einer einzelvertraglich abweichenden Kündigungsfrist. Ein **Aushilfsarbeitsverhältnis** liegt vor, wenn der Arbeitgeber von vornherein das Arbeitsverhältnis nur zur Deckung eines vorübergehenden Bedarfs an Arbeitskräften eingeht, der nicht durch den normalen Betriebsablauf, sondern durch den Ausfall von Stammkräften oder durch einen zeitlich begrenzten zusätzlichen Arbeitsanfall begründet ist (BAG 22.5.1986 – 2 AZR 392/85). Zum anderen besteht die Möglichkeit, in Betrieben mit nicht mehr als 20 Arbeitnehmern (sog. **Kleinbetriebe**) eine abweichende Kündigungsfrist zu vereinbaren, soweit diese vier Wochen nicht unterschreitet. Dabei ist zu beachten, dass für die Zahl der Arbeitnehmer gem. § 622 Abs. 5 Nr. 2 S. 2 BGB Teilzeitbeschäftigte ggf. nur anteilig zu berücksichtigen sind. Insoweit unterscheidet sich die Regelung von den **Schwellenwerten** im BetrVG (zB § 99 Abs. 1 S. 1 BetrVG), wo stets nur die Köpfe gezählt werden und die vereinbarte Arbeitszeit keine Rolle spielt.

32. Sind die Kündigungsfristen für den Arbeitgeber und den Arbeitnehmern immer gleich?

Die Kündigungsfrist gem. § 622 Abs. 1 BGB gilt für Arbeitnehmer und Arbeitgeber. Die **gestaffelten Kündigungsfristen** gem. § 622 Abs. 2 BGB gelten gesetzlich nur für den Arbeitgeber. Allerdings können die Arbeitsvertragsparteien vereinbaren, dass auch der Arbeitnehmer bei einer Beendigung des Arbeitsverhältnisses die Fristen einhalten muss (BAG 29.8.2001 – 4 AZR 337/00). Zu beachten ist allerdings, dass gem. § 622 Abs. 5 BGB für die Kündigung des Arbeitsverhältnisses durch den Arbeitnehmer keine längere Frist vereinbart werden darf als für die Kündigung durch den Arbeitgeber.

33. Kann auf die Einhaltung der Kündigungsfrist verzichtet werden?

Die Kündigungsfristen dienen dem Schutz des Arbeitnehmers. Dieser kann auf den Schutz verzichten und im Rahmen eines **Aufhebungsvertrags** auf die Einhaltung seiner Kündigungsfrist verzichten. Dies sollte allerdings nur dann erfolgen, wenn der Arbeitnehmer ein Anschlussarbeitsverhältnis hat. Schließlich kann die Verkürzung von Kündigungsfristen für den Arbeitnehmer nachteilig sein, soweit er im Anschluss an die Beendigung des Arbeitsverhältnisses Arbeitslosengeld (ALG I) beziehen will. Bei einer Verkürzung der Kündigungsfrist kann es gem. § 158 SGB III zu einem Ruhen des Anspruchs kommen.

34. In welchen Fällen gelten besondere Kündigungsfristen?

Für **schwerbehinderte Menschen** beträgt die Kündigungsfrist gem. § 169 SGB IX vier Wochen, soweit ihr Arbeitsverhältnis gem. § 173 Abs. 1 Nr. 1 SGB IX mehr als sechs Monate bestanden hat. Eine besondere Regelung gibt es zudem im Fall der **Eröffnung des Insolvenzverfahrens.** Dort kann gem. § 113 InsO eine längere Kündigungsfrist auf drei Monate reduziert werden (→ *Insolvenz und Arbeitsrecht / Frage 83: Welche Kündigungsfristen gelten im eröffneten Insolvenzverfahren?*).

IV. Anwendung des Kündigungsschutzgesetzes

Die nachfolgenden Fragen befassen sich zunächst mit der Bedeutung und sodann mit dem Anwendungsbereich des Kündigungsschutzgesetzes (KSchG). Die Frage der Geltung des KSchG ist in der arbeitsrechtlichen Praxis von besonderer Bedeutung, um die Wirksamkeit von Kündigungen beurteilen zu können.

35. Welche Bedeutung hat das KSchG?

Das KSchG hat eine **zentrale Bedeutung** für den Schutz von Arbeitnehmern vor Kündigungen. Es generiert den **„allgemeinen Kündigungsschutz"** im Unterschied zu dem „besonderen Kündigungsschutz", der zB Funktionsträgern des BetrVG, werdenden Müttern oder Menschen mit Behinderung zugutekommt (→ *Frage 164: Ist ein Betriebsratsmitglied vor jeder Kündigung geschützt?*; → *Frage 187: Wo finden sich Regelungen zum Sonderkündigungsschutz?*). Der allgemeine Kündigungsschutz **schützt** Arbeitnehmer **vor sozial ungerechtfertigten Kündigungen.** Voraussetzung für diesen Kündigungsschutz ist, dass das Arbeitsverhältnis von einer gewissen Dauer ist (→ *Frage 36: Wann greift das KSchG?*) und die Beschäftigung des Arbeitnehmers in einem Betrieb mit der erforderlichen Arbeitnehmerzahl erfolgt (→ *Frage 44: Wie groß muss die Belegschaft für die Anwendbarkeit des KSchG sein?*).

36. Wann greift das KSchG?

Das KSchG entfaltet seine Schutzwirkung erst dann, wenn ein **Arbeitsverhältnis** ohne rechtserhebliche Unterbrechung **länger als sechs Monate** bestanden hat (§ 1 Abs. 1 KSchG). Diese Frist wird auch als **Wartezeit** oder Probezeit bezeichnet (→ *Frage 12: Was ist eine Probezeitkündigung?*; → *Frage 37: Wie wird die Wartezeit von sechs Monaten erfüllt?*). Weiter müssen in dem Betrieb des betroffenen Arbeitnehmers gem. § 23 Abs. 1 KSchG **in der Regel mehr als zehn Arbeitnehmer beschäftigt werden** (→ *Frage 44: Wie groß muss die Belegschaft für die Anwendbarkeit des KSchG sein?*). Beide Voraussetzungen müssen erfüllt sein, damit sich der betroffene Arbeitnehmer auf den Schutz des KSchG berufen kann.

37. Wie wird die Wartezeit von sechs Monaten erfüllt?

Die Wartezeit von sechs Monaten beginnt mit der **Begründung des Arbeitsverhältnisses,** in der Regel also mit dem Tag der Arbeitsaufnahme. Auf eine tatsächlich erbrachte Arbeitsleistung kommt es nicht an. Die Erfüllung der Wartezeit wird also durch Ausfallzeiten wie Urlaub, Krankheit etc nicht verlängert. Zu beachten ist, dass eine Kündigung bis zum letzten Tag des Ablaufs der Wartezeit erfolgen kann. Maßgeblich ist der Zugang der Kündigung. Das Ende des Arbeitsverhältnisses unter Einhaltung der Kündigungsfrist kann auch außerhalb der Wartezeit liegen, ohne dass das KSchG zur Anwendung kommt.

38. Werden Beschäftigungszeiten als Leiharbeitnehmer auf die Wartezeit gem. § 1 KSchG angerechnet?

War der Arbeitnehmer als **Leiharbeitnehmer** vor dem Arbeitsverhältnis bereits in den Betrieb des Entleihers eingegliedert, sind diese Zeiten **nicht zu berücksichtigen** (BAG 20.2.2014 – 2 AZR 859/11). Selbst wenn ein Leiharbeitnehmer zuvor mehrere Monate im Entleiherbetrieb auf demselben Arbeitsplatz eingesetzt worden ist, auf dem er auch im Rahmen einer Anschlussbeschäftigung direkt beim Entleiher tätig wird, handelt es sich nicht um ein einheitliches, sondern um zwei aufeinanderfolgende Arbeitsverhältnisse mit verschiedenen Arbeitgebern. Es besteht allerdings die Möglichkeit, vertraglich zu vereinbaren, dass bestimmte Vorbeschäftigungszeiten bei der Berechnung der Wartezeit gem. § 1 KSchG berücksichtigt werden.

Formulierungsmuster

„Auf die Wartezeit gem. § 1 KSchG werden Zeiten angerechnet, in denen der Arbeitnehmer unmittelbar vor Beginn des Arbeitsverhältnisses bereits als Leiharbeitnehmer in Betrieben der X GmbH eingegliedert war."

39. Werden Beschäftigungszeiten als Auszubildender auf die Wartezeit gem. § 1 KSchG angerechnet?

Die Vorbeschäftigungszeit als Auszubildender wird auf die Wartezeit angerechnet (BAG 2.12.1999 – 2 AZR 139/99). Ein vorangegangenes betriebliches Praktikum wird demgegenüber nur dann mitgerechnet, wenn es im Rahmen eines Arbeitsverhältnisses geleistet worden ist (BAG 18.11.1999 – 2 AZR 89/99).

40. Werden Beschäftigungszeiten in einem anderen Konzernunternehmen auf die Wartezeit gem. § 1 KSchG angerechnet?

Zeiten, in denen ein Arbeitnehmer bei einem Unternehmen des gleichen **Konzerns** beschäftigt war, werden bei der Wartezeit nicht berücksichtigt. Schließlich handelt es sich um zwei unterschiedliche Unternehmen bzw. Arbeitgeber, auch wenn sie Teil eines Konzerns sind. Es besteht allerdings die Möglichkeit vertraglich oder tarifvertraglich zu vereinbaren, dass bestimmte Vorbeschäftigungszeiten bei der Berechnung der Wartezeit gem. § 1 KSchG berücksichtigt werden.

Praxistipp

Bei einem Arbeitgeberwechsel innerhalb eines Konzerns sind sich viele Arbeitnehmer nicht bewusst, dass die Wartezeit gem. § 1 KSchG neu beginnt. Hier ist darauf zu achten, dass durch die Begrü ndung eines neuen Arbeitsverhältnisses der Arbeitnehmer nicht seinen Kündigungsschutz verliert. Das bedeutet, es muss sichergestellt werden, dass die Zeiten der vorherigen Beschä ftigung im Konzern angerechnet werden.

Formulierungsmuster

„Auf die Wartezeit gem. § 1 K SchG werden Zeiten angerechnet, in denen der Arbeitnehmer unmittelbar vor Beginn des Arbeitsverhältnisses bei der Y GmbH oder bei einem mit dieser verbundenen Konzernunternehmen beschäftigt war."

41. Wie berechnet sich die Beschäftigungszugehörigkeit bei Unterbrechung des Arbeitsverhältnisses?

Wird die Beschäftigungsdauer unterbrochen, muss differenziert werden. Für die Erfüllung der Wartezeit ist es **unerheblich,** wenn das Arbeitsverhältnis **nur ganz kurzfristig, etwa für wenige Tage, unterbrochen war** und wenn zwischen beiden Arbeitsverhältnissen ein **enger sachlicher Zusammenhang** besteht. Dies gilt zB für die Unterbrechung eines Lehrerarbeitsverhältnisses lediglich durch die Schulferien (BAG 19.6.2007 – 2 AZR 94/06). Wenn **keine ganz kurzfristige Unterbrechung** vorliegt, gilt Folgendes: Unterbrechungen bleiben nur **ausnahmsweise** außer Betracht, wenn zwischen dem vorangegangenen und dem gekündigten Arbeitsverhältnis ein enger sachlicher Zusammenhang besteht. Der **Dauer von Unterbrechungen** wird eine **wichtige,** aber nicht allein maßgebliche Bedeutung zugeschrieben. Daneben sind u. a. der Anlass der Unterbrechung sowie die Art der Weiterbeschäftigung zu berücksichtigen. Je länger die zeitliche Unterbrechung dauert, desto gewichtiger müssen die Gründe sein. Schon bei einer Unterbrechung von sieben Wochen sollen lediglich außergewöhnliche Umstände einen engen sachlichen Zusammenhang begründen können (BAG

20.6.2013 – 2 AZR 790/11). Es besteht auch die Möglichkeit, die Anrechnung einer vorherigen Beschäftigung zu vereinbaren.

42. Besteht die Möglichkeit, auf die Wartezeit gem. § 1 KSchG zu verzichten?

Ja, die Wartezeit gem. § 1 KSchG ist nicht zwingend. Arbeitnehmer und Arbeitgeber können vereinbaren, dass sie nicht gelten soll und der Arbeitnehmer sofort nach Aufnahme der Beschäftigung so behandelt wird, als ob das **KSchG** zur Anwendung kommt (BAG 24.10.1996 – 2 AZR 874/95).

Praxistipp

Der Verzicht auf die Wartezeit gem. § 1 KSchG muss ausdrücklich geregelt werden. Teilweise wird in der Rechtsprechung davon ausgegangen, dass es nicht ausreicht, wenn die Parteien vereinbaren, dass sie auf eine Probezeit verzichten wollen (ArbG Hamburg 22.8.2012 – 27 Ca 45/12; aA LAG Köln 15.2.2002 – 4 (2) Sa 575/01).

Formulierungsmuster

„Die Parteien vereinbaren, dass die Wartezeit gem. § 1 KSchG für das Arbeitsverhältnis nicht zur Anwendung kommen soll."

43. Gilt die Wartezeit gem. § 1 KSchG auch dann, wenn ein Arbeitnehmer aus einem bestehenden Arbeitsverhältnis abgeworben wird?

Ja, die Wartezeit gem. § 1 KSchG gilt auch in dem Fall, dass der Arbeitnehmer von seinem (neuen) Arbeitgeber aus einem bestehenden Arbeitsverhältnis **abgeworben** wird. Der Arbeitgeber muss seine Kündigung in den ersten sechs Monaten nicht rechtfertigen. Es bedarf auch keines irgendwie gearteten – verständigen, sinnvollen oder sachlichen – Grundes für die **Wirksamkeit der Arbeitgeberkündigung.** Möglich ist nur, dass die Kündigung ausnahmsweise aus anderen Gründen unwirksam ist wie zB bei einem Verstoß gegen Treu und Glauben gem. § 242 BGB (BAG 24.10.1996 – 2 AZR 874/95).

Praxistipp

Gerade wenn der Arbeitgeber den Arbeitnehmer aus einem bestehenden Arbeitsverhältnis mit Kündigungsschutz abwirbt, muss der Arbeitnehmer einen Verzicht auf die Wartezeit gem. § 1 KSchG vereinbaren. Ansonsten gilt die Wartezeit auch für ihn (→ Frage 42: Besteht die Möglichkeit, auf die Wartezeit gem. § 1 KSchG zu verzichten?).

44. Wie groß muss die Belegschaft für die Anwendbarkeit des KSchG sein?

Gem. § 23 Abs. 1 KSchG ist der Kündigungsschutz erst dann gegeben, wenn in dem Betrieb des gekündigten Arbeitnehmers **in der Regel mehr als zehn Arbeitnehmer** ausschließlich der Auszubildenden beschäftigt werden. Bei der Feststellung der Zahl der beschäftigten Arbeitnehmer sind **teilzeitbeschäftigte** Arbeitnehmer mit einer regelmäßigen wöchentlichen Arbeitszeit von nicht mehr als 20 Stunden mit **0,5** und mit einer regelmäßigen wöchentlichen Arbeitszeit von mehr als 30 Stunden mit **0,75** zu berücksichtigen. Insoweit unterscheidet sich die Regelung von den **Schwellenwerten** im BetrVG (zB § 99 Abs. 1 S. 1 BetrVG), wo stets nur die Köpfe gezählt werden und die vereinbarte Arbeitszeit keine Rolle spielt.

45. Wer zählt zu den Arbeitnehmern gem. § 23 Abs. 1 KSchG?

Abzustellen ist auf die **„regelmäßige Beschäftigtenzahl"** im Zeitpunkt des Zugangs der Kündigung. Die den Betrieb kennzeichnende Beschäftigtenlage wird durch einen **Rückblick** auf die bisherige personelle Situation und die Einbeziehung der **zukünftigen Entwicklung** festgestellt. Dabei sind Zeiten eines außergewöhnlich hohen oder eines niedrigen Geschäftsanfalls nicht zu berücksichtigen (BAG 24.1.2013 – 2 AZR 140/12). Es werden alle Arbeitnehmer berücksichtigt, die in die betriebliche Struktur eingebunden sind. Dafür ist erforderlich, dass sie ihre Tätigkeit für diesen Betrieb erbringen und die Weisungen zu ihrer Durchführung im Wesentlichen von dort erhalten (BAG 19.7.2016 – 2 AZR 468/15). Der gekündigte Arbeitnehmer ist selbst ebenfalls zu berücksichtigen. Wird in einem Betrieb mit bisher regelmäßig 10,25 Arbeitnehmern einem Arbeitnehmer gekündigt, um zukünftig den Kündigungsschutz auszuschließen, genießt daher der gekündigte Arbeitnehmer noch Kündigungsschutz (BAG 22.1.2004 – 2 AZR 237/03). **Aushilfsarbeitnehmer** sind für die regelmäßige Anzahl der Beschäftigten dann zu berücksichtigen, wenn mit einer derartigen Beschäftigung auch zukünftig zu rechnen ist. Auf die Dauer der einzelnen Aushilfsbeschäftigung kommt es nicht an.

46. Wird bezüglich des Schwellenwerts gem. § 23 Abs. 1 KSchG auf den Betrieb oder das Unternehmen abgestellt?

§ 23 Abs. 1 KSchG stellt auf die Betriebs- und **nicht auf die Unternehmensgröße** ab. Anders kann dies allein in **Ausnahmefällen** sein, wenn der Arbeitgeber sein **Unternehmen willkürlich** in mehrere eigenständige Einheiten **zersplittert,** um die Entstehung des allgemeinen Kündigungsschutzes der Beschäftigten zu verhindern (BAG 19.7.2016 – 2 AZR 468/15).

47. Was bedeutet die Übergangsregelung für Altbeschäftigte?

Bis zum **31.12.2003** lag die Arbeitnehmerzahl, die für die Anwendbarkeit des KSchG maßgeblich war, **bei mindestens fünf Vollzeit-Arbeitnehmern** im Betrieb. Danach wurde sie auf mehr als 10 Arbeitnehmer erhöht. Für Altbeschäftigte, deren Arbeitsverhältnis vor dem 31.12.2003 begonnen hat, gilt deshalb ein sog. **Bestandsschutz, der gesetzlich in § 23 Abs. 1 KSchG geregelt ist.** Für diese Altbeschäftigten bleibt es bei einem Schwellenwert von mindestens fünf Arbeitnehmern. Ist die Anzahl der Alt-Arbeitnehmer aber auf fünf oder darunter gesunken, erlischt der Kündigungsschutz auch für diese Gruppe und entsteht bei Neueinstellungen erst dann wieder, wenn der Schwellenwert von mehr als zehn Arbeitnehmern überschritten wird (BAG 23.5.2013 – 2 AZR 54/12).

48. Aus welchen Gründen außerhalb des KSchG kann eine Kündigung unwirksam sein?

Eine Kündigung kann aus zahlreichen Gründen unwirksam sein, die insbesondere dann eine Rolle spielen, wenn das KSchG nicht zur Anwendung kommt. Dazu gehören folgende Unwirksamkeitsgründe:

- Nichteinhaltung der **Form** gem. § 125 S. 1 BGB iVm § 623 BGB (→ *Frage 17: Welche Form muss eine Kündigung haben?*)
- Verstoß gegen **Treu und Glauben** gem. § 242 BGB, dh willkürliche, sachfremde oder diskriminierende Ausübung des Kündigungsrechts; eine Kündigung verstößt nur dann gegen § 242 BGB, wenn sie Treu und Glauben aus Gründen verletzt, die von § 1 KSchG nicht erfasst sind (BAG 5.12.2019 – 2 AZR 107/19; BAG 22.5.2003 – 2 AZR 426/02; LAG RhPf 7.12.2016 – 1 Sa 89/16)
- **Sittenwidrigkeit** gem. § 138 BGB, wobei Kündigung dem Anstandsgefühl aller billig und gerecht Denkenden widersprechen muss (BAG 5.12.2019 – 2 AZR 107/19; BAG 22.5.2003 – 2 AZR 426/02)
- Verstoß gegen eines der in § 1 AGG genannten **Diskriminierungsmerkmale** gem. § 134 BGB iVm § 7 Abs. 1, §§ 1, 3 AGG (BAG 19.12.2013 – 6 AZR 190/12)
- Verstoß gegen das **Maßregelungsverbot** § 612a BGB, dh Arbeitgeber kündigt Arbeitnehmer, weil dieser in zulässiger Weise seine Rechte ausgeübt hat (BAG 22.5.2003 – 2 AZR 426/02)
- Kündigung wegen eines **Betriebsübergangs** gem. § 613a Abs. 4 BGB
- Nichtbeachtung eines **Sonderkündigungsschutzes,** zB Schwerbehinderte, Schwangere

(→ *Frage 187: Wo finden sich Regelungen zum Sonderkündigungsschutz?*)

- fehlerhafte **Massenentlassungsanzeige** gem. § 17 KSchG (→ *Frage 198: Welche Folge hat es, wenn der Arbeitgeber Fehler im Verfahren zur Massenentlassungsanzeige macht?*)
- fehlerhafte **Betriebsratsanhörung** gem. § 102 BetrVG (→ *Frage 120: Welche Fehler bei der Unterrichtung des Betriebsrats führen zur Unwirksamkeit der Kündigung?*) oder fehlerhafte Beteiligung der Schwerbehindertenvertretung gem. § 178 Abs. 2 S. 3 SGB IX

V. Kündigungsgründe nach dem Kündigungsschutzgesetz

Wenn der Anwendungsbereich des KSchG eröffnet ist, lässt das KSchG nur spezielle Kündigungsgründe zu. Hiermit befassen sich nachfolgende Fragestellungen.

49. Was ist die Voraussetzung für die Unwirksamkeit einer Kündigung nach dem KSchG?

Nach § 1 Abs. 1 KSchG ist die ordentliche Kündigung **rechtsunwirksam,** wenn sie **„sozial ungerechtfertigt“** ist. Dies ist der Fall, wenn keiner der in § 1 Abs. 2 KSchG genannten Kündigungsgründe vorliegt (→ *Frage 50: Welche Kündigungsgründe lässt das KSchG zu?*). Ebenso ist dies gem. § 1 Abs. 2 S. 2 und 3 KSchG der Fall, wenn ein Verstoß gegen eine Auswahlrichtlinie vorliegt oder trotz des bestehenden Kündigungsgrunds eine Weiterbeschäftigungsmöglichkeit besteht. Ferner kann sich die Sozialwidrigkeit aus einer fehlerhaften Sozialauswahl gem. § 1 Abs. 3–5 KSchG ergeben (→ *Frage 57: Was ist eine Sozialauswahl?*).

50. Welche Kündigungsgründe lässt das KSchG zu?

Als sachlichen Grund, der eine Kündigung sozial rechtfertigt, lässt § 1 Abs. 2 KSchG personenbedingte (→ *Frage 77: Was sind die Voraussetzungen für eine personenbedingte Kündigung?*), verhaltensbedingte (→ *Frage 84: Welche Voraussetzungen bestehen für eine ordentliche verhaltensbedingte Kündigung?*) und betriebsbedingte Kündigungsgründe (→ *Frage 51: Welche Voraussetzungen muss eine betriebsbedingte Kündigung erfüllen?*) zu.

VI. Betriebsbedingte Kündigung

Die nachfolgenden Fragen behandeln die Besonderheiten einer betriebsbedingten Kündigung, insbesondere die Frage, welche Voraussetzungen für diese Kündigung vorliegen müssen.

51. Welche Voraussetzungen muss eine betriebsbedingte Kündigung erfüllen?

Die Besonderheit einer betriebsbedingten Kündigung liegt darin, dass ein Arbeitsverhältnis aus Gründen einseitig beendet werden kann, die in der Sphäre des Arbeitgebers und nicht in der Person des Arbeitnehmers liegen. Grundsätzlich wird eine betriebsbedingte Kündigung in folgenden Schritten hinsichtlich ihrer Wirksamkeit überprüft: Zunächst muss der Arbeitgeber darlegen, dass er eine **unternehmerische Entscheidung** getroffen hat, die zum **Wegfall von Beschäftigungsmöglichkeiten** geführt hat (→ *Frage 52: In welchem Umfang prüft das Arbeitsgericht die unternehmerische Entscheidung?*). Weiter darf für den betroffenen Arbeitnehmer im Unternehmen **keine Weiterbeschäftigungsmöglichkeit** bestehen (→ *Frage 53: Was sind bestehende Weiterbeschäftigungsmöglichkeiten?*). Schließlich wird geprüft, ob der Arbeitgeber im Rahmen einer **ordnungsgemäßen Sozialauswahl** den am sozial wenigsten schützenswerten Arbeitnehmer für die Kündigung ausgewählt hat (→ *Frage 57: Was ist eine Sozialauswahl?*).

→ *Muster 1: Übersicht Prüfungsreihenfolge einer betriebsbedingten Kündigung*

52. In welchem Umfang prüft das Arbeitsgericht die unternehmerische Entscheidung?

Der Arbeitgeber muss darlegen, dass er eine unternehmerische Entscheidung getroffen hat und umsetzen will, die auf betrieblicher Ebene spätestens mit Ablauf der Kündigungsfrist zu einem voraussichtlich **dauerhaften Wegfall des Bedarfs an der Beschäftigung** des betroffenen Arbeitnehmers führt. Das Gericht prüft allerdings nicht, ob die unternehmerische Entscheidung „dringend" ist oder die **Existenz des Unternehmens** auch ohne sie nicht gefährdet gewesen wäre. Es prüft ebenfalls nicht, ob die Entscheidung wirtschaftlich vernünftig ist. Es prüft aber, ob die unternehmerische Entscheidung zur Umorganisation **offensichtlich unsachlich, unvernünftig oder willkürlich** ist (BAG 20.11.2014 – 2 AZR 512/13).

53. Was sind bestehende Weiterbeschäftigungsmöglichkeiten?

Für den betroffenen Arbeitnehmer, dessen Arbeitsplatz aufgrund der unternehmerischen Entscheidung wegfällt, darf es **unternehmensweit keine weiteren Beschäftigungsmöglichkeiten** geben (→ *Frage 55: Muss der Arbeitgeber freie Arbeitsplätze im Betrieb, im Unternehmen oder im Konzern anbieten?*). Unter weiteren Beschäftigungsmöglichkeiten sind nur **bestehende freie Arbeitsplätze** zu verstehen, die zum Zeitpunkt der Kündigungserklärung unbesetzt sind (BAG 29.8.2013 – 2 AZR 721/12). Sofern der Arbeitgeber bei Ausspruch der Kündigung mit hinreichender Sicherheit vorhersehen kann, dass ein Arbeitsplatz bis zum Ablauf der Kündigungsfrist (zB Ausscheiden eines Arbeitnehmers aus Altersgründen) zur Verfügung stehen wird, ist ein solcher Arbeitsplatz als frei anzusehen (BAG 29.8.2013 – 2 AZR 721/12). Ebenfalls sind solche freien Arbeitsplätze zu berücksichtigen, auf denen der Arbeitnehmer zu geänderten – auch schlechteren – Arbeitsbedingungen weiterbeschäftigt werden könnte. Diese sind dem Arbeitnehmer vor dem Ausspruch der Kündigung anzubieten. Eine Ausnahme besteht allerdings, wenn die Beschäftigung völlig unterwertig im Vergleich zur derzeitigen Beschäftigung ist wie zB eine Pförtnerstelle für einen Personalleiter. Hier kann der Arbeitgeber auf ein Angebot verzichten (BAG 5.6.2008 – 2 AZR 107/07; BAG 21.4.2005 – 2 AZR 132/04).

54. Gelten Arbeitsplätze, die mit Leiharbeitnehmern besetzt sind, als freie Arbeitsplätze?

Von **Leiharbeitnehmern** besetzte Arbeitsplätze sind grundsätzlich dann als frei anzusehen, wenn der Arbeitgeber mit ihnen nicht nur **Auftragsspitzen** oder einen **vorübergehenden Vertretungsbedarf** abdeckt (BAG 15.12.2011 – 2 AZR 42/10).

55. Muss der Arbeitgeber freie Arbeitsplätze im Betrieb, im Unternehmen oder im Konzern anbieten?

Gem. § 1 Abs. 2 KSchG muss der Arbeitgeber Arbeitsplätze in demselben Betrieb oder in einem anderen Betrieb des Unternehmens anbieten. Das KSchG ist nicht konzernbezogen. Allerdings kann in Ausnahmefällen eine **konzernbezogene Weiterbeschäftigungspflicht** bestehen. Dies gilt dann, wenn sich ein anderes Konzernunternehmen ausdrücklich zur Übernahme des Arbeitnehmers bereit erklärt hat. Ebenso ist es der Fall, wenn sich eine Unterbringungsverpflichtung unmittelbar aus dem Arbeitsvertrag, einer sonstigen vertraglichen Absprache oder aus der in der Vergangenheit geübten Praxis ergibt. Weitere Voraussetzung einer unternehmensübergreifenden Weiterbeschäftigungspflicht ist ein **bestimmender Einfluss** des vertragsschließenden Unternehmens auf die „Versetzung" (BAG 18.10.2012 – 6 AZR 41/11).

56. Muss der Arbeitgeber freie Arbeitsplätze anbieten, auch wenn der zu kündigende Arbeitnehmer nicht die erforderliche Qualifikation besitzt?

Ja, der Arbeitgeber hat in diesem Fall dem Arbeitnehmer neben dem freien Arbeitsplatz auch **zumutbare Umschulungs- oder Fortbildungsmaßnahmen** anzubieten, wenn dadurch seine Weiterbeschäftigung möglich wird. Voraussetzung ist jedoch, dass der Arbeitnehmer nach Durchführung dieser Maßnahme weiterbeschäftigt werden kann, also ein **freier Arbeitsplatz** besteht. Welche Umschulungs- und Fortbildungsmaßnahmen zumutbar sind, ist stets eine Frage des Einzelfalls. Maßgeblich dafür ist die Dauer der Qualifikation sowie die Höhe der Aufwendungen für den Arbeitgeber (BAG 7.2.1991 – 2 AZR 205/90).

57. Was ist eine Sozialauswahl?

Weil die Gründe für die betriebsbedingte Kündigung nicht in der Sphäre des Arbeitnehmers liegen, wird es nach der Wertung des KSchG nicht als gerecht angesehen, in jedem Fall demjenigen Arbeitnehmer zu kündigen, dessen konkreter Arbeitsplatz weggefallen ist. Deshalb muss unter den **vergleichbaren Arbeitnehmern** eines Betriebs derjenige ermittelt werden, den die **Kündigung** in **sozialer Hinsicht am wenigsten hart trifft.** Diese Auswahl wird als Sozialauswahl bezeichnet. Wenn der Arbeitgeber bei der Sozialauswahl soziale Kriterien nicht oder nicht ausreichend berücksichtigt, kann die Kündigung sozial ungerechtfertigt sein.

58. Wer ist in die Sozialauswahl einzubeziehen?

Bevor die Sozialauswahl nach den Kriterien der Schutzbedürftigkeit der einzelnen Arbeitnehmer durchgeführt werden kann, muss der Kreis der Arbeitnehmer bestimmt werden, die in die Sozialauswahl mit einzubeziehen sind. Das sind die **Arbeitnehmer eines Betriebs, die miteinander vergleichbar** sind. Vergleichbar sind solche Arbeitnehmer, die gegenseitig **austauschbar** sind. Diese Austauschbarkeit muss arbeitsplatzbezogen sein, dh die Arbeitnehmer müssen rechtlich und tatsächlich die Funktion des jeweils anderen wahrnehmen können, sog. **horizontale Vergleichbarkeit** (BAG 2.3.2006 – 2 AZR 23/05). Der Vergleich vollzieht sich also immer auf derselben Hierarchieebene. Grundsätzlich sind **Arbeitnehmer,** die noch **keinen Kündigungsschutz** haben, nicht in die Sozialauswahl mit einzubeziehen (BAG 25.4.1985 – 2 AZR 140/84).

Ein Arbeitnehmer, der nicht länger als sechs Monate im Betrieb beschäftigt ist, kann bei der Sozialauswahl demnach nicht wegen größerer sozialer Schutzbedürftigkeit den Vorzug vor Arbeitnehmern enthalten, die bereits den allgemeinen Kündigungsschutz erworben haben (→ *Frage 37: Wie wird die Wartezeit von sechs Monaten erfüllt?*). Ebenso können Arbeitnehmer nicht in die Sozialauswahl einbezogen werden, bei denen die ordentliche Kündigung gesetzlich ausgeschlossen ist, wie zB Betriebsräte (→ *Frage 164: Ist ein Betriebsratsmitglied vor jeder Kündigung geschützt?*). Arbeitnehmer mit **Sonderkündigungsschutz,** zu deren Kündigung die Zustimmung einer Behörde erforderlich wäre (zB schwerbehinderte Arbeitnehmer), sind in die Sozialauswahl nur dann mit einzubeziehen, wenn die zuständige Behörde die Zustimmung erteilt hat.

Praxistipp

Die Sozialauswahl wird immer nur innerhalb eines Betriebs durchgeführt. Die Weiterbeschäftigungspflicht des Arbeitgebers bezieht sich allerdings auf das ganze Unternehmen, das heißt ggf. auch auf andere Betriebe.

59. Muss immer eine Sozialauswahl durchgeführt werden?

Wird allen Arbeitnehmern eines Betriebs gekündigt, verbleibt kein Raum für eine Sozialauswahl. Ebenso ist keine Sozialauswahl durchzuführen, wenn der zu kündigende Arbeitnehmer mit keinem anderen Arbeitnehmer im Betrieb vergleichbar ist.

60. Welche Kriterien gibt es für die Sozialauswahl?

Bei der Sozialauswahl des von der Kündigung betroffenen Arbeitnehmers sind gem. § 1 Abs. 3 S. 1 Hs. 1 KSchG folgende **Sozialkriterien** ausreichend zu berücksichtigen:

- die Dauer der Betriebszugehörigkeit,
- das Lebensalter,
- tatsächlich bestehende Unterhaltsverpflichtungen und
- eine etwaige Schwerbehinderung.

Das KSchG kennt **keinen Maßstab für die Gewichtung der einzelnen Sozialkriterien.** Wertigkeit und Reihenfolge dieser Kriterien stehen nicht fest. So stellt auch das BAG in ständiger Rechtsprechung fest, dass keinem der Kriterien ein absoluter Vorrang zukommt (BAG 7.7.2011 – 2 AZR 476/10). Weil der Arbeitgeber die genannten **Kriterien „ausreichend" zu berücksichtigen** hat, ist ihm ein Beurteilungs- und Wertungsspielraum einzuräumen. Dabei genügt es, wenn die **Auswahlentscheidung vertretbar** ist. Nur ein deutlich schutzwürdiger Arbeitnehmer kann daher mit Erfolg die Fehlerhaftigkeit der Sozialauswahl rügen (BAG 2.6.2005 – 2 AZR 480/04).

61. Was bedeutet das Sozialkriterium „Dauer der Betriebszugehörigkeit"?

Mit der **Dauer der Betriebszugehörigkeit** wird die Betriebstreue belohnt und zugleich der Bewährung des Arbeitnehmers im Rahmen seiner Tätigkeit besonderes Gewicht verliehen. Für die Berechnung der Dauer der Betriebszugehörigkeit gelten die oben ausgeführten Grundsätze zur Wartefrist des § 1 Abs. 1 KSchG (→ *Frage 37: Wie wird die Wartezeit von sechs Monaten erfüllt?*). Es handelt sich nicht um Betriebs-, sondern um Unternehmenszugehörigkeit (BAG 2.6.2005 – 2 AZR 480/04).

62. Was bedeutet das Sozialkriterium „Lebensalter"?

Bzgl. des **Lebensalters** sind allein Daten maßgebend, aus denen sich das Alter des Arbeitnehmers herleitet. Dieses Merkmal trägt dem Erfahrungssatz Rechnung, dass Arbeitnehmer mit zunehmendem Lebensalter typischerweise größeren Schutz vor dem Verlust ihres Arbeitsplatzes benötigen (BAG 7.7.2011 – 2 AZR 476/10).

63. Was ist beim Sozialkriterium „Lebensalter" zu beachten, wenn ein betroffener Arbeitnehmer (zeitnah) Regelaltersrente beziehen kann?

Die Möglichkeit des Bezugs einer Regelaltersrente kann im Rahmen des Sozialkriteriums „Lebensalter" berücksichtigt werden. Ein regelaltersrentenberechtigter Arbeitnehmer ist trotz seines höheren Alters deutlich **weniger schutzbedürftig** als ein Arbeitnehmer, der noch keine Altersrente beanspruchen kann. Schließlich steht dem rentenberechtigten Arbeitnehmer bereits ein **Ersatzeinkommen** zu (BAG 27.4.2017 – 2 AZR 67/16). Das Gleiche gilt, wenn der Arbeitnehmer in einem **Zeitraum von höchstens zwei Jahren** nach der beabsichtigten Beendigung des Arbeitsverhältnisses eine Regelaltersrente oder eine andere abschlagsfreie Rente wegen Alters – mit Ausnahme der Altersrente für schwerbehinderte Menschen – beziehen kann. Nicht ausreichend ist allerdings, dass der Arbeitnehmer bereits **mit Abschlägen** Rente beziehen kann (BAG 8.12.2022 – 6 AZR 31/22).

64. Was bedeutet das Sozialkriterium „Unterhaltsverpflichtungen"?

Bei den bestehenden **Unterhaltsverpflichtungen** ist nicht der Familienstand als solcher maßgeblich, sondern die sich daraus ergebenden Verpflichtungen. Hierdurch soll dem Umstand Rechnung getragen werden, dass auf das Einkommen des Arbeitnehmers noch andere angewiesen sind bzw. der Arbeitnehmer wegen der Unterhaltsverpflichtungen höhere wirtschaftliche Lasten zu tragen hat, ohne sich diesen entziehen zu können. Nach der Rechtsprechung des BAG sind (nur) die gesetzlichen Unterhaltspflichten gemeint (BAG 12.8.2010 – 2 AZR 945/08). Diese Unterhaltspflichten können gegenüber Ehegatten, geschiedenen Ehegatten, ehelichen und nichtehelichen sowie adoptierten Kindern, unterhaltsbedürftigen Eltern und gegenüber Lebenspartnern einer eingetragenen Lebenspartnerschaft bestehen. Freiwillige Unterhaltsleistungen zählen nicht dazu (BAG 12.8.2010 – 2 AZR 945/08).

65. Wie erfährt der Arbeitgeber, welche Unterhaltsverpflichtungen der Arbeitnehmer hat?

Der Arbeitgeber darf sich zunächst auf die für die Abführung der Lohnsteuer maßgebenden Daten verlassen und daraus ableiten, welche Unterhaltsverpflichtungen bestehen. Wenn der Arbeitgeber jedoch Anhaltspunkte hat, dass diese Daten unzutreffend sind, ist er gehalten, den Arbeitnehmer nach bestehenden Unterhaltsverpflichtungen zu fragen (BAG 17.1.2008 – 2 AZR 405/06).

Praxistipp

Möchte der Arbeitgeber etwaige Unterhaltsverpflichtungen seiner Belegschaft durch einen Fragebogen ermitteln, so handelt es sich dabei um einen Personalfragebogen nach § 94 Abs. 1 BetrVG. Der Betriebsrat hat bzgl. des Inhalts dieses Fragebogens mitzubestimmen.

66. Was bedeutet das Sozialkriterium „Schwerbehinderung"?

Der Begriff der Schwerbehinderung als Sozialkriterium knüpft grundsätzlich an die maßgeblichen Bestimmungen des SGB IX an. Daher liegt eine Schwerbehinderung bei einem Grad der Behinderung von mindestens 50 vor. Ebenso sind jedoch auch sog. gleichgestellte Personen gem. § 2 Abs. 3 SGB IX zu berücksichtigen. Darauf, ob die Schwerbehinderung durch Verwaltungsakt gem. § 152 SGB IX förmlich anerkannt ist, kommt es im Rahmen der Sozialauswahl nicht an (vgl. BAG 17.3.2005 – 2 AZR 4/04). Für die Gleichtstellung ist hingegen gem. § 151 Abs. 2 SGB IX ein Feststellungsbescheid notwendig. Voraussetzung für die Berücksichtigung der Schwerbehinderung ist, dass der Arbeitgeber diese kennt oder kennen muss. Befragt der Arbeitgeber im Vorfeld einer beabsichtigten Kündigungswelle die Arbeitnehmer nach ihren Sozialdaten und verschweigt der Arbeitnehmer hierbei eine anerkannte Schwerbehinderung, kann er sich später nicht mehr auf ihre Berücksichtigung berufen (BAG 16.2.2012 – 6 AZR 553/10) (→ *Frage 191: Welchen Sonderkündigungsschutz genießen Schwerbehinderte?*).

67. Wie werden die Sozialkriterien in eine Abwägung gebracht?

Der Arbeitgeber hat die Sozialdaten der Arbeitnehmer ausreichend gegeneinander abzuwägen. Es muss erkennbar sein, dass den **Besonderheiten des Einzelfalls** Rechnung getragen werden soll. Insbesondere kann der Arbeitgeber als Hilfsmittel ein **Punkteschema** verwenden. Dabei vergibt der Arbeitgeber für die jeweiligen Sozialkriterien Punkte (zB pro Jahr Betriebszugehörigkeit eine bestimmte Anzahl von Punkten). Für alle vergleichbaren Arbeitnehmer wird ermittelt, wie viele Punkte sie erhalten. Die Arbeitnehmer mit den wenigsten Punkten werden für die Kündigung ausgewählt (vgl. BAG 6.7.2006 – 2 AZR 442/05). Das Punkteschema muss die Sozialkriterien berücksichtigen und in ein billigenswertes Verhältnis setzen. Eine individuelle Abschlussprüfung ist nicht notwendig (BAG 24.10.2013 – 6 AZR 854/11).

→ Muster 2: Beispiele für Punkteschema zur Sozialauswahl

68. Was ist eine Sozialauswahl nach Altersgruppen?

Eine Sozialauswahl kann auch nach Altersgruppen erfolgen, innerhalb derer dann jeweils den sozial stärksten Arbeitnehmern gekündigt wird (BAG 26.3.2015 – 2 AZR 478/13). Dies ergibt sich aus § 1 Abs. 3 S. 2 KSchG. Ein solches Vorgehen wirkt einer Überalterung der Belegschaft entgegen, die dadurch entstehen würde, dass die Berücksichtigung des Lebensalters als Sozialkriterium ausschließlich ältere Arbeitnehmer im Rahmen der Sozialauswahl privilegiert. Die Bildung von Altersgruppen verhindert somit, dass ausschließlich jüngeren Arbeitnehmern gekündigt wird. Arbeitgeber können etwa Gruppen in 10-Jahres-Schritten bilden.

→ Muster 2: Beispiele für Punkteschema zur Sozialauswahl

69. Worauf muss der Arbeitgeber achten, wenn er eine Sozialauswahl nach Altersgruppen durchführt?

Eine Sozialauswahl nach Altersgruppen darf nur durchgeführt werden, wenn dies zur **Sicherung einer ausgewogenen Altersstruktur der Belegschaft** im berechtigten betrieblichen Interesse liegt. Voraussetzung dafür ist, dass die im konkreten Fall vorgenommene Altersgruppenbildung und die daraus abgeleiteten Kündigungsentscheidungen zur Sicherung der bestehenden Personalstruktur tatsächlich geeignet sind. Der Arbeitgeber hat dies in einem Kündigungsschutzverfahren im Einzelnen darzulegen. In jedem Fall muss die sich ergebende Verteilung der bislang Beschäftigten auf die gebildeten Altersgruppen ihre **prozentuale Entsprechung** in der Anzahl der in der jeweiligen Altersgruppe zu kündigenden Arbeitsverhältnisse finden. Wenn also 25% der Arbeitnehmer einer bestimmten Altersgruppe zuzuordnen sind, so müssen grundsätzlich auch 25% der Kündigungen auf diese Altersgruppe entfallen. Das Arbeitsgericht prüft eine Sozialauswahl nach Altersgruppen in drei Schritten (BAG 26.3.2015 – 2 AZR 478/13):

1. Schritt: Die Altersgruppen müssen nach sachlichen Kriterien gebildet worden sein.

2. Schritt: Die prozentuale Verteilung der Belegschaft auf die Altersgruppen muss festgestellt werden.

3. Schritt: Die Gesamtzahl der auszusprechenden Kündigungen muss diesem Proporz entsprechend auf die Altersgruppen verteilt werden.

70. Dürfen bestimmte Arbeitnehmer aus der Sozialauswahl herausgenommen werden?

Der Arbeitgeber darf bestimmte Arbeitnehmer, deren Weiterbeschäftigung im betrieblichen Interesse liegt, aus der Sozialauswahl ausklammern. Einen **Leistungsträger,** der sich für den Betrieb unentbehrlich gemacht hat, soll der Arbeitgeber nicht entlassen müssen, auch wenn der Arbeitnehmer gegenüber anderen Arbeitnehmern sozial weniger schutzbedürftig ist. Ein derartiger Leistungsträger ist ein **Arbeitnehmer, der über besondere Kenntnisse, Fähigkeiten oder Leistungen verfügt.** Besondere Kenntnisse sind solche, die der Arbeitnehmer aufgrund seiner Ausbildung, bisherigen beruflichen Tätigkeit oder sonstigen Lebensführung erlangt hat. Dies trifft zB bei einer Sekretärin zu, die mit spanischen Vorgesetzten störungsfrei auf Spanisch kommunizieren kann (vgl. BAG 19.7.2012 – 2 AZR 352/11). Die besonderen Fähigkeiten können zB auf handwerklichem, intellektuellem oder sozialem Gebiet existieren (vgl. BAG 7.12.2006 – 2 AZR 748/05).

71. Wie wird der Betriebsrat an der Sozialauswahl beteiligt?

Führt der Arbeitgeber eine Sozialauswahl durch, so erstellt er in der Regel eine sog. Auswahlrichtlinie. Bei solchen Auswahlrichtlinien steht dem Betriebsrat gem. § 95 Abs. 1 BetrVG ein Mitbestimmungsrecht zu (Fitting BetrVG § 95 Rn. 1 ff.). Dieses Mitbestimmungsrecht besteht auch dann, wenn der Arbeitgeber eine **Auswahlrichtlinie** (zB ein Punkteschema) nicht generell auf alle künftigen betriebsbedingten Kündigungen, sondern nur auf konkret bevorstehende Kündigungen anwenden will. Will der Arbeitgeber ohne Zustimmung des Betriebsrats ein nach § 95 BetrVG mitbestimmungspflichtiges Punkteschema anwenden, steht dem Betriebsrat ein Unterlassungsanspruch im Hinblick auf die Anwendung der Auswahlrichtlinie zu (BAG 26.7.2005 – 1 ABR 29/04). Der Betriebsrat hat gem. § 95 Abs. 2 BetrVG in Betrieben mit mehr als 500 Arbeitnehmern auch die Möglichkeit, selbst eine Auswahlrichtlinie herbeizuführen. In der Praxis findet die Beteiligung des Betriebsrats zu den Auswahlkriterien häufig im Rahmen der Interessenausgleichs- und Sozialplanverhandlungen statt (→ *Interessenausgleich und Sozialplan / Frage 58: Was ist eine Auswahlrichtlinie?*).

→ *Muster 6: Beschluss Unterlassung der Anwendung einer Auswahlrichtlinie; gerichtliche Durchsetzung und Beauftragung Rechtsanwalt*

→ *Muster 17: Übersicht Streitigkeiten*

72. Ist eine Kündigung unwirksam, wenn der Betriebsrat bei der Sozialauswahl nicht beteiligt wurde?

Der Arbeitgeber kann die Sozialkriterien „frei“ in eine eigene Abwägung zueinanderbringen. Er muss dann den Betriebsrat nicht bereits bei der Sozialauswahl beteiligen. In der Regel wird der Arbeitgeber aber ein konkretes Auswahlsystem, dh eine Auswahlrichtlinie (Fitting BetrVG § 95 Rn. 9) anwenden, zB ein Punkteschema. Dann muss er den Betriebsrat gem. § 95 Abs. 1 BetrVG bereits bei der Sozialauswahl beteiligen. Wurde zwischen Betriebsrat und Arbeitgeber eine Auswahlrichtlinie vereinbart, muss diese vom Arbeitgeber ordnungsgemäß angewendet werden. Anderenfalls kann der Betriebsrat der Kündigung gem. § 102 Abs. 3 Nr. 2 BetrVG widersprechen. Ein Verstoß gegen die Auswahlrichtlinie führt individualrechtlich zur Unwirksamkeit der Kündigung (§ 1 Abs. 2 Nr. 2 KSchG). Führt der Arbeitgeber die Sozialauswahl anhand einer Auswahlrichtlinie durch, ohne zuvor den Betriebsrat zu beteiligen, führt dies nach Ansicht des BAG aber nicht bereits zur Unwirksamkeit der in Anwendung der Auswahlrichtlinie ausgesprochenen Kündigung (BAG 9.11.2006 – 2 AZR 812/05). Das BAG begründet dies damit, dass dem Betriebsrat ein Unterlassungsanspruch gegen die Anwendung eines nicht mitbestimmten Auswahlsystems zusteht.

→ *Muster 2: Beispiele für Punkteschema zur Sozialauswahl*

→ *Muster 6: Beschluss Unterlassung der Anwendung einer Auswahlrichtlinie; gerichtliche Durchsetzung und Beauftragung Rechtsanwalt*

→ *Muster 17: Übersicht Streitigkeiten*

73. Welche Folgen hat es, wenn der Arbeitgeber die Sozialauswahl nach einer mit dem Betriebsrat vereinbarten Auswahlrichtlinie durchführt?

Die Anwendung einer vom Betriebsrat mitbestimmten Auswahlrichtlinie bringt sowohl Vorteile als auch Nachteile mit sich. Vorteilhaft ist zunächst, dass der Arbeitgeber die Regeln der Auswahlrichtlinie anzuwenden hat und damit **Transparenz** und **Berechenbarkeit** in das Verfahren der Sozialauswahl trägt. Zudem hat der Betriebsrat im Falle eines Verstoßes gegen die Auswahlrichtlinie einen **Widerspruchsgrund** gegen die Kündigung nach § 102 Abs. 3 Nr. 2 BetrVG (→ *Frage 136: Wann kann gem. § 102 Abs. 3 Nr. 2 BetrVG einer Kündigung widersprochen werden?*). Eine Kündigung, die gegen eine Auswahlrichtlinie verstößt, ist gem. § 1 Abs. 2 Nr. 1a KSchG unwirksam. Als nachteilige Folge muss allerdings beachtet werden, dass die Arbeitsgerichte die Sozialauswahl im Falle der ordnungsgemäßen Anwendung einer Auswahlrichtlinie **nur noch auf grobe Fehlerhaftigkeit überprüfen.** Grob fehlerhaft ist die Gewichtung der Sozialdaten nur dann, wenn sie jede Ausgewogenheit vermissen lässt, dh wenn einzelne Sozialdaten überhaupt nicht, eindeutig unzureichend oder mit eindeutig überhöhter Bedeutung berücksichtigt wurden (BAG 5.6.2008 – 2 AZR 907/06).

74. Was ist eine Namensliste im Interessenausgleich?

Gem. § 1 Abs. 5 KSchG können Betriebsrat und Arbeitgeber anlässlich einer Betriebsänderung in einem Interessenausgleich die **Arbeitnehmer, die gekündigt werden sollen, namentlich aufführen** (sog. Namensliste). Anders als bei der Auswahlrichtlinie werden also nicht allein die Kriterien für die Auswahl der zu kündigenden Arbeitnehmer, sondern das Ergebnis vom Betriebsrat mit vereinbart (→ *Interessenausgleich und Sozialplan / Frage 61: Was ist eine Namensliste im Interessenausgleich?*).

75. Welche Folgen hat es, wenn eine Namensliste in einem Interessenausgleich vereinbart wird?

Die Namensliste soll den **Ausspruch von betriebsbedingten Kündigungen** für den Arbeitgeber im Interesse der Rechtssicherheit **erleichtern.** Bei einer vereinbarten Namensliste ergeben sich für die dort aufgeführten Arbeitnehmer gem. § 1 Abs. 5 KSchG (nachteilige) Rechtsfolgen im Rahmen eines Kündigungsschutzverfahrens. Zunächst wird **vermutet,** dass die Kündigung **durch dringende betriebliche Erfordernisse** iSd § 1 Abs. 2 KSchG **bedingt** ist. Dies hat zur Folge, dass der betroffene Arbeitnehmer – entgegen der Regel des § 1 Abs. 2 S. 4 KSchG – darlegen und beweisen muss, dass keine betriebsbedingten Gründe vorliegen. Weiter kann die **soziale Auswahl nur auf grobe Fehlerhaftigkeit** überprüft werden. Schließlich ersetzt eine Namensliste im Interessenausgleich die Stellungnahme des Betriebsrats zu einer Massenentlassungsanzeige gem. § 17 Abs. 3 S. 2 KSchG.

Praxistipp

Mit einer Namensliste verlieren die dort benannten Arbeitnehmer faktisch nahezu vollständig die Möglichkeit, die Rechtmäßigkeit ihrer betriebsbedingten Kündigung arbeitsgerichtlich überprüfen zu lassen. Eine Namensliste im Interessenausgleich ist in der Regel für Betriebsräte nur dann akzeptabel, wenn die Abfindungen im Sozialplan für die Arbeitnehmer überproportional hoch sind und die dort aufgeführten Arbeitnehmer mit der Beendigung des Arbeitsverhältnisses einverstanden sind.

76. Welche Folgen kann ein Entlassungsverlangen des Betriebsrats gem. § 104 S. 2 BetrVG haben?

Gem. § 104 Satz 1 BetrVG kann ein Betriebsrat die Entlassung eines Arbeitnehmers verlangen, wenn dieser durch gesetzwidriges Verhalten oder durch grobe Verletzung der in § 75 Abs. 1 BetrVG enthaltenen Grundsätze den Betriebsfrieden wiederholt ernstlich gestört hat. Wird einem **Entlassungsverlangen** des Betriebsrats im Verfahren nach § 104 S. 2 BetrVG rechtskräftig stattgegeben, kann der Arbeitgeber den **betriebsstörenden Arbeitnehmer** betriebsbedingt kündigen. Da § 104 BetrVG einen eigenen betriebsverfassungsrechtlichen Anspruch des Betriebsrats gegen den Arbeitgeber auf Entlassung des betriebsstörenden Arbeitnehmers schafft, kommt es für die Berechtigung des Verlangens des Betriebsrats nicht darauf an, ob im Falle der Anwendbarkeit des Kündigungsschutzgesetzes eine verhaltens- oder personenbedingte Kündigung gerechtfertigt bzw. ob im Falle der ordentlichen Unkündbarkeit des Arbeitnehmers ein wichtiger Grund gem. § 626 Abs. 1 BGB gegeben wäre (BAG 28.3.2017 – 2 AZR 551/16).

→ *Frage 110: Muss der Betriebsrat auch nach § 102 BetrVG beteiligt werden, wenn der Arbeitgeber dem Verlangen des Betriebsrats nach Entlassung eines betriebsstörenden Arbeitnehmers gem. § 104 BetrVG nachkommt?*

VII. Personenbedingte Kündigung

Im Folgenden werden wichtige Fragen zu personenbedingten Kündigungen geklärt, wobei insbesondere aufgrund der hohen Praxisrelevanz auf die krankheitsbedingte Kündigung eingegangen wird.

77. Was sind die Voraussetzungen für eine personenbedingte Kündigung?

Voraussetzung einer Kündigung aus personenbedingten Gründen ist, dass eine vom Arbeitnehmer unverschuldete Störung der Vertragsbeziehung dadurch ausgelöst worden ist, dass er **aufgrund persönlicher Fähigkeiten, Eigenschaften oder nicht vorwerfbarer Einstellungen nicht mehr in der Lage ist, künftig eine vertragsgerechte Leistung zu erbringen** (BAG 18.1.2007 – 2 AZR 731/05). Personenbedingte Kündigungen beziehen sich stets auf eine **Eigenschaft** des Arbeitnehmers, welche nicht in einem steuerbaren Verhalten liegt. Der in der Praxis wichtigste Fall ist die krankheitsbedingte Kündigung. Sonstige personenbedingte Kündigungsgründe können aber auch der Verlust von Arbeitsausübungserlaubnissen sein, zB der Führerschein des LKW-Fahrers (BAG 5.6.2008 – 2 AZR 984/06).

→ *Muster 3: Übersicht Prüfungsreihenfolge einer personenbedingten Kündigung wegen Krankheit*

78. Was sind die Voraussetzungen für eine krankheitsbedingte Kündigung?

Grundsätzlich bestehen für krankheitsbedingte Kündigungen **hohe Hürden,** weil niemand für eine Krankheit sanktioniert werden soll. Die Arbeitsgerichte überprüfen eine krankheitsbedingte Kündigung im Rahmen einer Kündigungsschutzklage in drei Stufen. Auf der ersten Stufe ist festzustellen, ob eine **negative Gesundheitsprognose** für die Zukunft vorliegt. Im zweiten Schritt bedarf es der Feststellung, dass die durch die negative Gesundheitsprognose entstehenden Fehlzeiten zu einer **erheblichen Beeinträchtigung der betrieblichen Interessen** führen. Schließlich ist auf der dritten Stufe im Wege einer **einzelfallbezogenen Interessenabwägung** zu klären, ob die erheblichen betrieblichen Beeinträchtigungen zu einer billigerweise nicht mehr hinzunehmenden betrieblichen oder wirtschaftlichen Belastung führen (BAG 12.4.2002 – 2 AZR 148/01). In der Praxis wird im Wesentlichen zwischen zwei Fallgruppen unterschieden, nämlich zwischen der Kündigung wegen **häufiger Kurzzeiterkrankungen** (→ *Frage 79: Was sind die Voraussetzungen für Kündigungen aufgrund von Kurzzeiterkrankungen?*) und der Kündigung aufgrund einer **lang anhaltenden Krankheit** (→ *Frage 80: Was sind die Voraussetzungen für die Kündigung aufgrund einer Langzeiterkrankung?*).

→ *Muster 3: Übersicht Prüfungsreihenfolge einer personenbedingten Kündigung wegen Krankheit*

79. Was sind die Voraussetzungen für Kündigungen aufgrund von Kurzzeiterkrankungen?

Voraussetzung ist zunächst einmal eine negative Zukunftsprognose (**1. Stufe**). Eine solche kann aus häufigen **Fehlzeiten in der Vergangenheit** abgeleitet werden, da diese indiziell für eine entsprechende künftige Entwicklung sprechen. Treten während der letzten Jahre jährlich mehrere (Kurz-)Erkrankungen auf, spricht dies für eine entsprechende künftige Entwicklung des Krankheitsbildes, es sei denn, die Krankheiten sind ausgeheilt (BAG 20.11.2014 – 2 AZR 755/13). Die Erstellung der negativen Gesundheitsprognose bei häufigen Kurzzeiterkrankungen stellt sich für Arbeitgeber mitunter als schwierig dar, weil der Arbeitgeber selten weiß, welche Ursachen zur Erkrankung des Mitarbeiters geführt haben. Aus den Arbeitsunfähigkeitsbescheinigungen lässt sich der genaue Befund nicht ersehen. Diesem Umstand hat die Rechtsprechung Rechnung getragen, indem sie die Darlegungslast abstuft. Der Arbeitgeber genügt seiner Darlegungslast, wenn er die in der Vergangenheit aufgetretenen **Fehlzeiten mitteilt**. Eine fest bezifferte Quote, nach deren Überschreitung von einer negativen Zukunftsprognose auszugehen ist, besteht jedoch nicht. Es kommt immer auf den Einzelfall an. Hat der Arbeitgeber Fehlzeiten in der Vergangenheit im Einzelnen dargelegt, ist es Sache des **Arbeitnehmers**, darzutun, weshalb die in der Vergangenheit liegenden **Fehlzeiten** als Indiz für eine negative Prognose **ungeeignet** sind. Dazu gehören auch Fehltage aufgrund von Verletzungen des Skeletts in Folge eines Unfalls (LAG MV 7.3.2017 – 2 Sa 158/16). Für seine Darlegung kann der Arbeitnehmer seine Ärzte von der **Schweigepflicht entbinden** und begründen lassen, dass aus ärztlicher Sicht von einer positiven Gesundheitsentwicklung auszugehen ist.

Die prognostizierten Fehlzeiten sind nur dann für die soziale Rechtfertigung einer krankheitsbedingten Kündigung geeignet, wenn sie zu einer **erheblichen Beeinträchtigung der betrieblichen Interessen** führen (**2. Stufe**). Neben Störungen des Betriebsablaufs können wirtschaftliche Belastungen, insbesondere die **Entgeltfortzahlungskosten**, die Beeinträchtigung der betrieblichen Interessen begründen. Von einer erheblichen wirtschaftlichen Belastung ist dann auszugehen, wenn die Lohnfortzahlungspflicht des Arbeitgebers den in § 3 Abs. 1 S. 1 EFZG vorgegebenen zeitlichen Rahmen von **sechs Wochen überschreitet** (BAG 29.7.1993 – 2 AZR 155/93). Ausfallzeiten, für die keine Lohnfortzahlungspflicht besteht, führen nicht zu einer zusätzlichen wirtschaftlichen Belastung des Arbeitgebers und sind daher unerheblich (BAG 14.1.1993 – 2 AZR 343/92). Ebenso unberücksichtigt bleiben **Sondervergütungen** gem. § 4a EFZG, da der Arbeitgeber deren Höhe durch eine Kürzungsregelung beeinflussen kann (BAG 22.7.2021 – 2 AZR 125/21).

Liegen die Voraussetzungen der 1. und 2. Stufe vor, ist auf der **3. Stufe** eine Verhältnismäßigkeitsprüfung vorzunehmen. Eine krankheitsbedingte Kündigung ist grundsätzlich **unverhältnismäßig** und damit rechtsunwirksam, wenn sie durch andere Mittel vermieden werden kann und demnach **zur Beseitigung der betrieblichen Beeinträchtigungen nicht erforderlich** ist. Dabei kommt insbesondere die Weiterbeschäftigung auf einem gleichwertigen, leidensgerechten Arbeitsplatz in Betracht (LAG Bln-Bbg 2.4.2015 – 10 Sa 1702/14). In der aktuellen Rechtsprechung steht in der 3. Stufe zunehmend im Fokus, ob der Arbeitgeber seinen Pflichten zur Durchführung eines BEM gem. § 167 Abs. 2 SGB IX (→ *Frage 82: Was ist ein Betriebliches Eingliederungsmanagement?*) ausreichend nachgekommen ist (LAG MV 7.3.2017 – 2 Sa 158/16).

80. Was sind die Voraussetzungen für die Kündigung aufgrund einer Langzeiterkrankung?

Voraussetzung ist auf der **1. Stufe**, dass der Arbeitgeber eine negative Zukunftsprognose begründet. Hierbei kommt es stets auf die **Umstände des Einzelfalles** an, insbesondere auf die **Diagnose** und die ärztlichen Einschätzungen zur **Krankheitsentwicklung.** Eine negative Zukunftsprognose kann beispielsweise gegeben sein, wenn ein Arbeitnehmer 2 Jahre lang arbeitsunfähig ist und in den nächsten 24 Monaten nicht mit einer Besserung gerechnet werden kann (BAG 12.4.2002 – 2 AZR 148/01). Auf der 2. Stufe erfolgt eine Prüfung der Beeinträchtigung der betrieblichen Interessen, zB wirtschaftliche Belastungen. Auf der 3. Stufe ist eine umfassende Interessenabwägung vorzunehmen.

Praxistipp

Bei Langzeiterkrankungen ist bei den wirtschaftlichen Beeinträchtigungen zu beachten, dass die Lohnfortzahlung regelmäßig nach sechs Wochen endet. Insoweit kann damit allein die Beeinträchtigung betrieblicher Interessen nicht begründet werden. Ebenfalls ist zu beachten, dass der Arbeitgeber – anders als unter Umständen bei Kurzzeiterkrankungen – einen Ausfall durch die (befristete) Einstellung von Arbeitnehmern auffangen kann (vgl. BAG 25.11.1982 – 2 AZR 140/81).

81. Ist der Arbeitnehmer während der Krankheit vor dem Ausspruch einer Kündigung geschützt?

Nein, auch während einer bestehenden Arbeitsunfähigkeit darf der Arbeitgeber dem erkrankten Arbeitnehmer eine Kündigung aussprechen.

Praxistipp

Zwar besteht während einer Erkrankung kein Kündigungsschutz. Das LAG Bremen hat eine Kündigung allerdings als ***treuwidrig*** *erachtet, die einem Arbeitnehmer nach einem schweren Arbeitsunfall im Krankenhaus unmittelbar vor einer auf dem Unfall beruhenden Operation ausgehändigt worden war (LAG Bremen 29.10.1995 – 4 Sa 151/95).*

82. Was ist ein Betriebliches Eingliederungsmanagement?

Gem. § 167 SGB IX soll der Arbeitgeber bei einer andauernden oder einer wiederholten Arbeitsunfähigkeit von **länger als sechs Wochen** innerhalb eines Jahres mit der zuständigen Interessenvertretung (zB Betriebsrat) unter Beteiligung der betroffenen Person die **Möglichkeiten eines beruflichen Wiedereinstiegs** erörtern. Dieses Verfahren wird als betriebliches Eingliederungsmanagement (BEM) bezeichnet. Das Verfahren ist auch dann durchzuführen, wenn es keinen Betriebsrat gibt (BAG 30.9.2010 – 2 AZR 88/09).

83. Ist eine krankheitsbedingte Kündigung unwirksam, wenn das BEM nicht durchgeführt wurde?

Führt der Arbeitgeber ein BEM entgegen der gesetzlichen Pflicht nicht durch, so ist die Kündigung nicht automatisch unwirksam. Das Arbeitsgericht hat diesen Umstand aber unter der Prüfung der Einhaltung des **„Ultima ratio"-Grundsatzes** zu berücksichtigen. Nach diesem Grundsatz ist eine Kündigung nicht gerechtfertigt, wenn es andere geeignete mildere Mittel gibt, um die Vertragsstörung künftig zu beseitigen. Ein solches milderes Mittel ist zwar nicht schon die Durchführung des BEM als solches. Dieses dient aber dazu, mildere Mittel wie zB die Umgestaltung des Arbeitsplatzes oder eine Weiterbeschäftigung zu geänderten Arbeitsbedingungen auf einem anderen Arbeitsplatz zu erkennen und zu entwickeln (BAG 10.12.2009 – 2 AZR 198/09). Unwirksam ist eine Kündigung vor diesem Hintergrund dann, wenn bei ordentlicher Durchführung des BEM **Möglichkeiten** einer **alternativen (Weiter-)Beschäftigung bestanden hätten** und damit eine Kündigung hätte vermieden werden können. Der Arbeitgeber muss in einem Kündigungsschutzverfahren insoweit darlegen und beweisen, dass die Durchführung eines BEM objektiv nutzlos gewesen wäre und sich keine derartigen Möglichkeiten ergeben hätten (BAG 13.5.2015 – 2 AZR 565/14). Er muss dazu u. a. dartun, dass künftige Fehlzeiten ebenso wenig durch gesetzlich vorgesehene Hilfen oder Leistungen der Rehabilitationsträger in relevantem Umfang hätten vermieden werden können (BAG 20.11.2014 – 2 AZR 755/13). Hat der Arbeitgeber nicht gänzlich davon abgesehen, ein BEM anzubieten, sind ihm dabei oder bei der weiteren Durchführung aber Fehler unterlaufen, ist dies ebenfalls für den Umfang seiner Darlegungslast von Bedeutung. Dabei ist aber auch zu berücksichtigen, ob der Fehler Einfluss auf die Möglichkeit hatte oder hätte haben können, Maßnahmen zur Vermeidung von weiteren Fehlzeiten zu identifizieren (BAG 18.11.2021 – 2 AZR 138/21).

VIII. Verhaltensbedingte Kündigung – Ordentliche Kündigung

Eine verhaltensbedingte Kündigung hat eine hohe Praxisrelevanz. Grundsätzlich muss hier zwischen ordentlichen und außerordentlichen Kündigungen differenziert werden. Die nachfolgenden Fragen befassen sich zunächst mit Fragen und Antworten zur ordentlichen verhaltensbedingten Kündigung.

84. Welche Voraussetzungen bestehen für eine ordentliche verhaltensbedingte Kündigung?

Eine ordentliche verhaltensbedingte Kündigung ist nach ständiger Rechtsprechung des BAG dann sozial gerechtfertigt, wenn das dem Arbeitnehmer vorgeworfene Verhalten eine **Vertragspflicht schuldhaft erheblich verletzt,** das **Arbeitsverhältnis** dadurch auch künftig **konkret beeinträchtigt** wird, keine zumutbare Möglichkeit anderweitiger Beschäftigung besteht und die Lösung des Arbeitsverhältnisses nach **Abwägung der beiderseitigen Interessen** billigenswert und angemessen erscheint (vgl. BAG 27.9.2012 – 2 AZR 811/11). Verhaltensbedingte Kündigungsgründe sind solche, die sich aus einem steuerbaren Verhalten des Arbeitnehmers gegenüber dem Arbeitgeber, seinen Arbeitskollegen oder Dritten ergeben und durch die das Arbeitsverhältnis unmittelbar beeinflusst wird. Es kommen **Leistungsstörungen, Verletzung vertraglicher Hauptpflichten** (zB unentschuldigtes Fehlen und Schlechtleistungen; nicht jedoch Verweigerungen von „unbilligen" Weisungen, vgl. BAG 18.10.2017 – 10 AZR 330/16) in Betracht. Auch kann die **Verletzung vertraglicher Nebenpflichten** (zB Verletzung der Anzeigepflicht bei einer Arbeitsunfähigkeit gem. § 5 Abs. 1 EFZG), **Störungen der betrieblichen Ordnung** (zB grobe Beleidigung des Arbeitgebers oder von Arbeitskollegen) sowie **Störungen im Vertrauensbereich** (zB straffälliges Verhalten) eine verhaltensbedingte Kündigung begründen. Der Arbeitgeber kann eine Kündigung auch auf mehrere Kündigungsgründe stützen (LAG Bln-Bbg 2.5.2017 – 11 Sa 2062/16).

→ *Muster 4: Übersicht Prüfungsreihenfolge einer ordentlichen verhaltensbedingten Kündigung*

85. Kann schon bei einem erstmaligen Verstoß gekündigt werden?

Nein, der Arbeitgeber darf nicht bei jedem Verstoß gleich eine verhaltensbedingte Kündigung aussprechen. Grundsätzlich ist zunächst der Ausspruch einer **Abmahnung** (→ *Frage 98: Was ist eine Abmahnung?*) erforderlich. Aufgrund des im Anwendungsbereich des KSchG geltenden **Verhältnismäßigkeitsgrundsatzes** und des für eine verhaltensbedingte Kündigung geltenden Prognoseprinzips wird vor jeder Kündigung, die wegen eines steuerbaren Verhaltens des Arbeitnehmers ausgesprochen wird, eine Abmahnung gefordert, wenn damit gerechnet werden kann, dass die Abmahnung zu vertragsgemäßem Verhalten in der Zukunft führen wird (BAG 23.1.2014 – 2 AZR 638/13). Dies gilt im Grundsatz selbst bei Störungen des Vertrauensbereichs durch Straftaten gegen Vermögen oder Eigentum des Arbeitgebers (BAG 9.6.2011 – 2 AZR 381/10).

86. Muss der Arbeitgeber immer vor einer verhaltensbedingten Kündigung abmahnen?

Eine Abmahnung ist unter **besonderen Umständen entbehrlich.** Das ist dann der Fall, wenn erkennbar ist, dass eine Verhaltensänderung in Zukunft auch nach einer Abmahnung nicht zu erwarten ist, oder es sich um eine so schwere Pflichtverletzung handelt, dass selbst deren erstmalige Hinnahme dem Arbeitgeber nach objektiven Maßstäben unzumutbar ist (so zB BAG 25.10.2012 – 2 AZR 495/11). Ebenfalls ist eine Abmahnung **nicht erforderlich in Kleinbetrieben,** die weniger als 10,25 Vollzeit-Arbeitnehmer beschäftigen, weil das KSchG keine Anwendung findet (→ *Frage 36: Wann greift das KSchG?*). Aus dem gleichen Grund ist eine Abmahnung ebenfalls in den ersten sechs Monaten des Beschäftigungsverhältnisses nicht erforderlich. Spricht allerdings der Arbeitgeber im sog. Kleinbetrieb oder innerhalb der Wartezeit dennoch eine Abmahnung aus, verzichtet er auf das Recht zur Kündigung wegen der abgemahnten Gründe (BAG 13.12.2007 – 6 AZR 145/07).

87. Wie viele Abmahnungen sind vor einer Kündigung nötig?

Um nach einer Abmahnung kündigen zu können, ist grundsätzlich eine **weitere Pflichtverletzung** erforderlich. Dabei müssen die vorangegangene Abmahnung und die zur Kündigung führende Pflichtverletzung gleichartig sein, dh den gleichen Pflichtenkreis betreffen. Gleichartige Pflichtverletzungen sind etwa die verspätete (mündliche) Anzeige der Arbeitsunfähigkeit und verspätetes Einreichen der Arbeitsunfähigkeitsbescheinigung. Kein Zusammenhang besteht hingegen zwischen einem verspäteten Arbeitsbeginn und verspätetem Einreichen der Arbeitsunfähigkeitsbescheinigung. In diesem Falle müsste jede Pflichtverletzung zunächst isoliert abgemahnt werden.

88. Kann eine unwirksame Kündigung in eine Abmahnung umgedeutet werden?

In Fällen, bei denen die Pflichtverletzung feststeht, die **Kündigung** jedoch aus anderen Gründen **unwirksam** ist (zB keine ordnungsgemäße Beteiligung des Betriebsrats), kann auch eine unwirksame Kündigung die Warnfunktion einer Abmahnung (→ *Frage 98: Was ist eine Abmahnung?*) erfüllen. Der Arbeitnehmer kann erkennen, dass der Arbeitgeber grundsätzlich nicht gewillt ist, die Pflichtverletzung zu tolerieren. Damit entfaltet die aus formellen Gründen unwirksame Kündigung – soweit der Pflichtverstoß feststeht – die gleiche Warnfunktion wie eine Abmahnung und kann in diese umgedeutet werden (BAG 19.4.2007 – 2 AZR 180/06).

89. Reicht auch eine Abmahnung, die vor langer Zeit ausgesprochen wurde?

Nach einem gewissen Zeitablauf ist eine Abmahnung nicht mehr geeignet, die Warnfunktion zu erfüllen. Eine bestimmte Frist gilt hier nicht, entscheidend sind die Umstände des Einzelfalles, wobei Art und Schwere des abgemahnten Fehlverhaltens eine Rolle spielen. Das BAG betont, dass ein ausreichend lange zurückliegender, nicht schwerwiegender und durch beanstandungsfreies Verhalten faktisch überholter Pflichtenverstoß seine **Bedeutung** auch für eine später erforderlich werdende Interessenabwägung aufgrund einer neuen Kündigung **gänzlich verlieren kann.** Anders verhält es sich bei nicht unerheblichen Pflichtverletzungen im Vertrauensbereich. Diese können eine **erhebliche Zeit von Bedeutung sein** (BAG 19.7.2012 – 2 AZR 782/11).

90. Was wird im Rahmen der Interessenabwägung berücksichtigt?

Das Arbeitsgericht nimmt eine umfassende Interessenabwägung erst dann vor, wenn ein Kündigungsgrund vorliegt, der in der Regel bereits vorher abgemahnt wurde. Selbst dann ist eine verhaltensbedingte Kündigung aber nur gerechtfertigt, wenn im Rahmen einer umfassenden Interessenabwägung unter **Berücksichtigung sämtlicher Umstände des Einzelfalles** festgestellt werden kann, dass das Interesse des Arbeitgebers an der Beendigung des Arbeitsverhältnisses das des Arbeitnehmers an seiner Fortsetzung überwiegt (BAG 26.3.2009 – 2 AZR 953/07). Auf Seiten des **Arbeitnehmers** sind das **Gewicht und die Auswirkungen der Pflichtverletzung,** eine mögliche **Wiederholungsgefahr** sowie der **Grad des Verschuldens** bei der Interessenabwägung zu berücksichtigen. Für den Grad des Verschuldens und die Möglichkeit einer Wiederherstellung des Vertrauens macht es einen Unterschied, ob es sich bei einer Pflichtverletzung um ein Verhalten handelt, das insgesamt auf Heimlichkeit angelegt ist oder nicht (BAG 21.6.2012 – 2 AZR 153/11). Weiter ist die **Dauer der Betriebszugehörigkeit** zu beachten, insbesondere die Dauer des ungestörten Verlaufs des Arbeitsverhältnisses (BAG 27.9.2012 – 2 AZR 955/11).

IX. Verhaltensbedingte Kündigung – Außerordentliche Kündigung

Verhaltensbedingte Kündigungen werden häufig als außerordentliche Kündigungen ausgesprochen. Vor diesem Hintergrund soll nachfolgend auf diese spezielle Form der Kündigung eingegangen werden.

91. Was sind die Voraussetzungen für eine außerordentliche Kündigung?

Die Arbeitsgerichte prüfen eine außerordentliche Kündigung zweistufig. Zunächst muss ein **bestimmter Sachverhalt** ohne die besonderen Umstände des Einzelfalles an sich **geeignet** sein, einen **wichtigen Kündigungsgrund** abzugeben (→ *Frage 92: Was kann als wichtiger Kündigungsgrund konkret in Betracht kommen?*). In aller Regel ist der außerordentliche Kündigungsgrund ein massives Fehlverhalten des Arbeitnehmers, das rechtswidrig und schuldhaft sein muss. Sodann erfolgt eine **umfassende Interessenabwägung** (→ *Frage 93: Was wird im Rahmen einer Interessenabwägung bei Vorliegen eines außerordentlichen Kündigungsgrundes geprüft?*). Wirksamkeitsvoraussetzung ist nach § 626 Abs. 2 BGB ebenfalls, dass die Kündigung innerhalb von zwei Wochen nach Kenntniserlangung der Kündigungsgründe durch den Kündigungsberechtigten ausgesprochen wird (→ *Frage 97: Besteht für den Arbeitgeber eine Frist, innerhalb derer er eine außerordentliche Kündigung aussprechen muss?*).

→ *Muster 5: Übersicht Prüfungsreihenfolge einer verhaltensbedingten außerordentlichen Kündigung*

92. Was kann als wichtiger Kündigungsgrund konkret in Betracht kommen?

Als wichtiger Kündigungsgrund kann u. a. in Betracht kommen:

- unrechtmäßige Androhung einer Strafanzeige,
- grobe Beleidigung,
- beharrliche Arbeitsverweigerung,
- eigenmächtige Urlaubsinanspruchnahme, Androhung einer Krankheit bei Nichtgewährung von Urlaub,
- Tätlichkeiten,
- unerlaubte Nebentätigkeit,
- Verletzung von Verschwiegenheitspflichten,
- Eigentums- oder Vermögensdelikte zum Nachteil des Arbeitgebers, zB Spesenbetrug, Arbeitszeitbetrug, umfangreiche unerlaubt und heimlich geführte private Telefonate auf Kosten des Arbeitgebers,
- Verbreitung unzutreffender Behauptung, die geeignet ist, den Ruf eines Kollegen erheblich zu beeinträchtigen, zB unzutreffende Behauptung, der Kollege sei wegen Vergewaltigung verurteilt worden (LAG BW 14.3.2019 – 17 Sa 52/18).

93. Was wird im Rahmen einer Interessenabwägung bei Vorliegen eines außerordentlichen Kündigungsgrundes geprüft?

Liegt ein an sich geeigneter Kündigungsgrund vor, ist im Rahmen einer umfassenden Interessenabwägung zu prüfen, ob die **Fortsetzung des Arbeitsverhältnisses** unter Berücksichtigung der **konkreten Umstände des Einzelfalles** und unter Abwägung der Interessen beider Vertragsteile jedenfalls bis zum Ablauf der Kündigungsfrist **zumutbar** ist oder nicht (BAG 8.5.2014 – 2 AZR 249/13). Dies setzt eine **umfassende Güter- und Interessenabwägung** durch das Arbeitsgericht voraus. Dem Auflösungsinteresse des Arbeitgebers ist das Interesse des Arbeitnehmers an der Fortsetzung des Arbeitsverhältnisses gegenüberzustellen (BAG 10.6.2010 – 2 AZR 541/09). Im Wege einer **differenzierten und einzelfallbezogenen Betrachtung** sind alle im Hinblick auf die gegenläufigen Interessen relevanten Gesichtspunkte und tatsächlichen Umstände festzustellen und zu gewichten.

94. Was ist eine außerordentliche Verdachtskündigung?

Eine außerordentliche Verdachtskündigung ist der Ausspruch einer Kündigung ohne Einhaltung einer Kündigungsfrist aufgrund der Tatsache, dass der Arbeitnehmer einer **schweren Pflichtverletzung** oder **strafbaren Handlung verdächtig** ist, ohne dass dies erwiesen ist. In der Praxis wird eine Verdachtskündigung (→ *Frage 11: Was ist eine Verdachtskündigung?*) stets als außerordentliche Kündigung ausgesprochen. Dies ist darin begründet, dass nach Ansicht des BAG bei einer Verdachtskündigung kein wesentlicher Unterschied (außer der Kündigungsfrist) zwischen einer ordentlichen oder außerordentlichen Verdachtskündigung besteht. Jedenfalls muss der Verdacht so schwerwiegend sein, dass die ihn begründenden Tatsachen eine außerordentliche Kündigung rechtfertigen würden (BAG 21.11.2013 – 2 AZR 797/11). Ein Beispiel für eine Verdachtskündigung kann der Vorwurf des unrechtmäßigen Erwerbs einer Arbeitsunfähigkeitsbescheinigung sein.

95. Welche Voraussetzungen bestehen für eine außerordentliche Verdachtskündigung?

An eine Verdachtskündigung sind besonders strenge Anforderungen zu stellen, damit vermieden wird, dass ein vom Arbeitgeber verdächtigter, aber unschuldiger Arbeitnehmer einen Arbeitsplatzverlust erleidet. Sie ist nach der Rechtsprechung des BAG nur dann gerechtfertigt, wenn dringende, auf objektiven Tatsachen beruhende, **schwerwiegende Verdachtsmomente** vorliegen und diese Verdachtsmomente geeignet sind, das für die Fortsetzung des Arbeitsverhältnisses erforderliche Vertrauen zu zerstören. Weiter muss der Arbeitgeber alle zumutbaren Anstrengungen zur Aufklärung des Sachverhalts – auch bezüglich den Arbeitnehmer entlastenden Fakten – unternommen haben, insbesondere dem verdächtigen Arbeitnehmer **Gelegenheit zur Stellungnahme** gegeben haben (BAG 20.3.2014 – 2 AZR 1037/12). Dazu ist dem Arbeitnehmer eine angemessene Frist zur Äußerung einzuräumen. In Ausnahmefällen kann der Arbeitnehmer auch die Einräumung einer Nachfrist verlangen (LAG Bln-Bbg 4.8.2016 – 10 Sa 378/16). Die Anhörung des Arbeitnehmers ist eine Wirksamkeitsvoraussetzung der Verdachtskündigung. Unterbleibt sie, ist die Kündigung grundsätzlich unwirksam (BAG 16.1.2003 – 2 AZR 653/01). Arbeitnehmer haben einen Anspruch, zu der Anhörung einen Rechtsanwalt hinzuzuziehen (BAG 13.3.2008 – 2 AZR 961/06).

96. Hat es Folgen, wenn nach einer arbeitsgerichtlich festgestellten wirksamen Verdachtskündigung die Unschuld des Arbeitnehmers feststeht?

Gelingt einem Arbeitnehmer die **Rehabilitation** erst nach dem Kündigungsschutzprozess, greift ohne zeitliche Begrenzung die nachwirkende Fürsorgepflicht des Arbeitgebers ein. Diese verpflichtet ihn dazu, einen schuldlos in Verdacht geratenen Arbeitnehmer wieder einzustellen (BAG 14.12.1956 – 1 AZR 29/55).

97. Besteht für den Arbeitgeber eine Frist, innerhalb derer er eine außerordentliche Kündigung aussprechen muss?

Jede außerordentliche Kündigung kann gem. § 626 Abs. 2 S. 1 BGB nur innerhalb einer Frist von **zwei Wochen** ausgesprochen werden. Bei dieser Frist handelt es sich um eine sog. Ausschlussfrist. Wird diese verpasst, so ist das Recht zur außerordentlichen Kündigung – bezogen auf den konkreten Grund – **verwirkt.** Sie **beginnt** in dem Zeitpunkt, in dem der Arbeitgeber bzw. ein Kündigungsberechtigter (→ *Frage 22: Wer ist berechtigt, eine Kündigung für den Arbeitgeber auszusprechen?*) von den für die Kündigung maßgebenden Tatsachen **Kenntnis erlangt.** Das bedeutet, er muss eine zuverlässige und möglichst vollständige positive Kenntnis der für die Kündigung maßgebenden Tatsachen haben, die ihm die Entscheidung ermöglicht, ob die Fortsetzung des Arbeitsverhältnisses zumutbar ist oder nicht (BAG 23.1.2014 – 2 AZR 582/13). Zu den maßgeblichen Tatsachen gehören sowohl die für als auch die gegen die Kündigung sprechenden Umstände. Der **Beginn** der Ausschlussfrist wird **gehemmt**, solange der Kündigungsberechtigte die zur Aufklärung des Sachverhalts nach pflichtgemäßen Ermessen notwendig scheinenden Maßnahmen mit der gebotenen Eile durchführt (BAG 28.11.2007 – 5 AZR 952/06). Hat der Arbeitgeber seine Ermittlungen abgeschlossen und will er nunmehr den Arbeitnehmer dazu anhören, muss eine Anhörung, um den Beginn der Zwei-Wochen-Frist des § 626 Abs. 2 S. 1 BGB nicht länger als notwendig hinauszuschieben, allerdings innerhalb einer kurzen Frist erfolgen. In der Regel sollte diese nicht mehr als eine Woche betragen (BAG 20.3.2014 – 2 AZR 1037/12).

X. Abmahnung

Im Rahmen der Prüfung, ob eine verhaltensbedingte Kündigung rechtmäßig ist, spielen Abmahnungen eine wichtige Rolle. Insoweit sollen in den nachfolgenden Fragen und Antworten die wichtigsten Fakten rund um das Thema Abmahnung darstellt werden.

98. Was ist eine Abmahnung?

Eine Abmahnung ist eine **einseitige Erklärung des Arbeitgebers** gegenüber dem Arbeitnehmer. Mit der Abmahnung soll der Arbeitnehmer darauf hingewiesen werden, dass er aus Sicht des Arbeitgebers gegen seine arbeitsvertraglichen Pflichten verstoßen hat. Im Rahmen der Abmahnung zeigt er dem Arbeitnehmer auf, welche Pflichten bestehen und in welchem Verhalten er einen Pflichtenverstoß sieht (sog. **Rüge- und Dokumentationsfunktion**). Zum anderen fordert er ihn für die Zukunft zu einem vertragstreuen Verhalten auf und kündigt, sofern ihm dies angebracht erscheint, individualrechtliche Konsequenzen für den Fall einer erneuten Pflichtverletzung an (**Warnfunktion**) (BAG 19.7.2012 – 2 AZR 782/11). Die Abmahnung hat ihre Rechtsgrundlage in § 314 Abs. 2 BGB.

Beispiel

„Sehr geehrter Herr Müller,

wir weisen Sie darauf hin, dass gem. § 3 der Betriebsvereinbarung Gleitzeit die Kernarbeitszeit um 9 Uhr beginnt. Gegen diese Verpflichtung haben sie sowohl am 20.3. als auch am 22.4. verstoßen, da sie jeweils erst um 9:30 Uhr an ihrem Arbeitsplatz erschienen sind. Wir weisen Sie darauf hin, dass ein erneuter Verstoß arbeitsrechtliche Konsequenzen bis hin zu einer Kündigung Ihres Arbeitsverhältnisses haben kann.

In der Erwartung, dass Sie in Zukunft oben genannte Pflichtverletzungen unterlassen, verbleiben wir

mit freundlichen Grüßen

Geschäftsführung"

99. Muss eine Abmahnung schriftlich erfolgen?

Nein, eine Abmahnung kann – was in der Praxis allerdings sehr selten ist – auch **mündlich** erfolgen (BAG 15.12.1994 – 2 AZR 251/94). Insoweit unterscheiden sich die Anforderungen an die Form einer Abmahnung im Vergleich zu einer Kündigung (→ *Frage 17: Welche Form muss eine Kündigung haben?*). Allerdings muss der Arbeitgeber in einem Kündigungsschutzverfahren darlegen und beweisen, dass die Voraussetzungen einer Abmahnung erfüllt wurden (Rüge-, Dokumentations- und Warnfunktion). Dies ist bei einer mündlichen Abmahnung für ihn schwieriger als bei einer schriftlichen Abmahnung. Im Übrigen muss er auch darlegen und beweisen, dass aus Sicht des Arbeitnehmers die Abmahnung deutlich und ernsthaft als **Missbilligung eines Vertragsverstoßes** erkennbar war und nicht etwa als kollegialer Ratschlag (BAG 18.1.1980 – 7 AZR 75/78). Dies wird bei der mündlichen Abmahnung schwerer sein als bei einer schriftlichen Abmahnung, insbesondere wenn im Betrieb Abmahnungen üblicherweise schriftlich erteilt werden.

100. Wer ist berechtigt, eine Abmahnung für den Arbeitgeber auszusprechen?

Abmahnungen dürfen nicht nur von **kündigungsberechtigten Personen** erteilt werden (→ *Frage 22: Wer ist berechtigt, eine Kündigung für den Arbeitgeber auszusprechen?*). Sie dürfen auch von anderen Arbeitnehmern ausgesprochen werden, die befugt sind, das Weisungsrecht für den Arbeitgeber auszuüben (BAG 18.1.1980 – 7 AZR 75/78).

101. Wie kann der Arbeitnehmer auf eine Abmahnung reagieren?

Der Arbeitnehmer kann zum einen eine **Gegendarstellung** zu den in der Abmahnung enthaltenen Vorwürfen schreiben. Er hat gem. § 83 Abs. 2 BetrVG auch einen Anspruch darauf, dass die Gegendarstellung in die **Personalakte** aufgenommen wird. Der Arbeitnehmer kann einen **Antrag auf Entfernung** der Abmahnung stellen bzw. arbeitsgerichtlich verfolgen. Der Arbeitnehmer kann sich aber auch dafür entscheiden, dass er gar nicht reagiert. Schließlich kann er sich in einem späteren Kündigungsschutzverfahren, in dem die Abmahnung zur Begründung einer Kündigung vom Arbeitgeber herangezogen wird, immer noch darauf berufen, dass die Abmahnung rechtswidrig war. Es wird also nicht etwa unterstellt, dass er mit der **Nichtreaktion** die Abmahnung akzeptiert.

Praxistipp

Der Arbeitnehmer sollte in jedem Fall für sich dokumentieren, aus welchen Gründen er die Abmahnung für ungerechtfertigt hält und Beweise zusammentragen (zB mögliche Zeugen notieren), damit er in einem möglichen Kündigungsschutzverfahren dem Vortrag des Arbeitgebers etwas entgegensetzen kann.

102. Wann ist eine Abmahnung aus der Personalakte zu entfernen?

Arbeitnehmer haben gem. §§ 242, 1004 Abs. 1 S. 1 BGB Anspruch auf die Entfernung einer **zu Unrecht** erteilten Abmahnung aus ihrer Personalakte. Voraussetzung ist, dass die Abmahnung entweder inhaltlich **unbestimmt** ist, **unrichtige Tatsachenbehauptungen** enthält, auf einer **unzutreffenden rechtlichen Bewertung** des Verhaltens des Arbeitnehmers beruht oder den **Grundsatz der Verhältnismäßigkeit** verletzt (zB Abmahnung für einmaliges geringfügiges Zuspätkommen). Ein Entfernungsanspruch kann aber auch bei einer zu Recht erteilten Abmahnung entstehen, wenn der Arbeitgeber **kein schutzwürdiges Interesse** mehr an deren Verbleib in der Personalakte hat (Fitting BetrVG § 83 Rn. 15). Dies setzt zum einen voraus, dass die Abmahnung ihre Warnfunktion verloren hat, weil der Arbeitgeber den Arbeitnehmer nach Ablauf von mehreren Jahren erneut abmahnen bzw. warnen müsste (→ *Frage 89: Reicht auch eine Abmahnung, die vor langer Zeit ausgesprochen wurde?*). Zum anderen darf der Arbeitgeber aber auch kein berechtigtes Interesse mehr an der Dokumentation der gerügten Pflichtverletzung haben. Eine Abmahnung kann für eine spätere **Interessenabwägung** bei einer verhaltensbedingten Kündigung aber auch dann noch Bedeutung haben, wenn sie ihre kündigungsrechtliche Warnfunktion verloren hat. Schließlich kann der Arbeitgeber damit darlegen, dass der Arbeitnehmer nicht stets beanstandungsfrei gearbeitet hat. Allerdings besteht ein berechtigtes Interesse des Arbeitgebers an der Dokumentation einer Pflichtverletzung nicht zwangsläufig für die gesamte Dauer des Arbeitsverhältnisses. So kann ein hinreichend lange zurückliegender, nicht schwerwiegender und durch beanstandungsfreies Verhalten faktisch überholter Pflichtenverstoß seine Bedeutung für eine später erforderlich werdende Interessenabwägung gänzlich verlieren (BAG 4.12.2013 – 7 ABR 7/12; BAG 19.7.2012 – 2 AZR 782/11).

Praxistipp

*Weil gesetzlich keine festen Fristen für die Entfernung der Abmahnung definiert sind, können Betriebsrat und Arbeitgeber derartige **Fristen vereinbaren,** zB im Rahmen einer Betriebsvereinbarung zur elektronischen Personalakte.*

Formulierungsmuster

„Abmahnungen sind spätestens nach drei Jahren aus der elektronischen Personalakte zu entfernen, soweit der Arbeitnehmer nicht vor Ablauf von drei Jahren eine weitere Abmahnung erhält."

103. Ist der Betriebsrat bei einer Abmahnung zu beteiligen?

Der Betriebsrat ist bei der Erteilung von Abmahnungen nicht zu beteiligen. Erst bei einer **nachfolgenden Kündigung** ist der Betriebsrat gem. § 102 BetrVG zu beteiligen (→ *Frage 108: Wie ist das Beteiligungsrecht des Betriebsrats bei Kündigungen im Allgemeinen ausgestaltet?*). Der Betriebsrat hat auch keinen Anspruch darauf, dass der Arbeitgeber ihn über jede erteilte Abmahnung informiert. Ein derartiger Anspruch ergibt sich nicht aus § 80 Abs. 2 BetrVG (BAG 17.9.2013 – 1 ABR 26/12; Fitting BetrVG § 80 Rn. 52). Der Betriebsrat kann allerdings gem. § 80 Abs. 2 BetrVG einen **Anspruch auf Auskunft** bezüglich solcher Abmahnungen haben, die einen Bezug zu seinen Mitbestimmungsrechten aufweisen (BAG 17.9.2013 – 1 ABR 26/12). Möchte der Betriebsrat beispielsweise wissen, ob die geltende Betriebsvereinbarung Arbeitszeit einer Änderung bedarf, kann er verlangen, dass ihm Abmahnungen vorgelegt werden, in denen Verstöße gegen die geltenden Arbeitszeitregelungen enthalten sind. Nur so kann er die Notwendigkeit einer Überarbeitung der Betriebsvereinbarung prüfen, weil zB Regelungen nicht verständlich formuliert sind und es deshalb zu Verstößen durch die Arbeitnehmer kommt.

XI. Änderungskündigung

§ 1 KSchG verpflichtet den Arbeitgeber, vor Ausspruch einer Beendigungskündigung dem Arbeitnehmer ggf. die Fortsetzung des Arbeitsverhältnisses zu geänderten Bedingungen anzubieten. In dieser Situation erhalten dann Arbeitnehmer häufig eine Änderungskündigung. Dies wirft für den Betriebsrat die Frage auf, wie der Arbeitnehmer darauf reagieren kann. Ebenso möchte er wissen, was er selbst in dieser Situation machen kann. Damit befassen sich nachfolgende Fragen und Antworten.

104. Wann ist eine Änderungskündigung notwendig?

Gem. § 106 S. 1 GewO kann der Arbeitgeber das **Weisungsrecht** ausüben und Arbeitsbedingungen unter Beachtung bestehender Mitbestimmungsrechte des Betriebsrats einseitig ändern (zB Arbeitsort, Arbeitszeit). Das Weisungsrecht wird allerdings u. a. durch den Arbeitsvertrag eingeschränkt. Will der Arbeitgeber **Änderungen des Arbeitsverhältnisses** erreichen, die nicht mit dem Arbeitsvertrag vereinbar sind, hat er zwei Möglichkeiten. Erstens kann er diese durch eine einvernehmliche Änderung des Arbeitsvertrags gemeinsam mit dem Arbeitnehmer erreichen. Zweitens kommt eine Änderungskündigung in Betracht (→ *Frage 13: Was ist eine Änderungskündigung?*).

105. Welche Anforderungen gelten für eine Änderungskündigung?

Die Anforderungen an eine **Änderungskündigung** unterscheiden sich nur unwesentlich von den Anforderungen an eine **Beendigungskündigung.** Dies gilt insbesondere hinsichtlich der Form, so dass sowohl die Kündigungserklärung als auch das Änderungsangebot der **Schriftform** gem. § 623 BGB entsprechen müssen (BAG 16.9.2004 – 2 AZR 628/03). Zusätzlich muss das Änderungsangebot des Arbeitgebers **bestimmbar** sein. Dem Angebot muss zweifelsfrei zu entnehmen sein, welche Arbeitsbedingungen zukünftig gelten sollen. Ansonsten kann die Änderungskündigung aus diesem Grund unwirksam sein (BAG 29.9.2011 – 2 AZR 523/10). Die Anforderungen an die soziale Rechtfertigung der Änderungskündigung im Rahmen des KSchG sind mit einer Beendigungskündigung vergleichbar. Das bedeutet, dass für die Änderungskündigung nach § 2 KSchG die Voraussetzungen nach § 1 Abs. 2 S. 1–3 KSchG vorliegen müssen und das Änderungsangebot **sozial gerechtfertigt** sein muss (→ *Frage 49: Was ist die Voraussetzung für die Unwirksamkeit einer Kündigung nach dem KSchG?*). Bei einer betriebsbedingten Änderungskündigung wird das Änderungsangebot des Arbeitgebers daran gemessen, ob es durch dringende betriebliche Erfordernisse gem. § 1 Abs. 2 KSchG hervorgerufen wird. Zusätzlich darf der Arbeitgeber nur solche Änderungen vorschlagen, die der Arbeitnehmer **billigerweise hinnehmen** muss (BAG 17.6.1998 – 2 AZR 336/97). Will der Arbeitgeber mehrere Arbeitsvertragsbedingungen ändern, muss jede Änderung sozial gerechtfertigt sein. Genügt auch nur eine der beabsichtigten Änderungen den Anforderungen nicht, so hat dies die Unwirksamkeit der gesamten Änderungskündigung zur Folge (BAG 18.5.2017 – 2 AZR 606/16; BAG 21.9.2006 – 2 AZR 120/06).

106. Wie kann der Arbeitnehmer auf eine Änderungskündigung reagieren?

Der Arbeitnehmer hat verschiedene Möglichkeiten auf den Erhalt einer Änderungskündigung zu reagieren:

- Der Arbeitnehmer kann die **Beendigung** seines Arbeitsverhältnisses akzeptieren. Er muss dann nicht reagieren.
- Der Arbeitnehmer kann die **Änderung** seiner Arbeitsbedingungen akzeptieren. Dies muss er spätestens innerhalb von drei Wochen nach Zugang der Kündigung erklären (vgl. BAG 1.2.2007 – 2 AZR 44/06).

Formulierungsmuster

„Hiermit akzeptiere ich die von Ihnen im Schreiben vom ...... angebotenen Änderungen meiner Arbeitsbedingungen."

- Der Arbeitnehmer kann die Änderungen seines Arbeitsverhältnisses unter **Vorbehalt** gem. § 2 KSchG akzeptieren und die Änderungen der Arbeitsbedingungen arbeitsgerichtlich prüfen lassen. In diesem Fall muss er den Vorbehalt dem Arbeitgeber innerhalb der Kündigungsfrist, spätestens jedoch innerhalb von drei Wochen nach Zugang der Kündigung, erklären. Außerdem muss er eine **Änderungskündigungsschutzklage** innerhalb von drei Wochen nach Zugang der Kündigung einlegen, mit dem Ziel, feststellen zu lassen, dass die Änderung seiner Arbeitsbedingungen sozial ungerechtfertigt ist. In diesem Fall behält der Arbeitnehmer sein Arbeitsverhältnis. Das Verfahren kann auf zwei Arten enden, soweit die Arbeitsvertragsparteien keinen Vergleich abschließen. Entweder wird das Arbeitsgericht die Änderungskündigung für unwirksam erklären, sodass das Arbeitsverhältnis zu den ursprünglichen Bedingungen fortbesteht. Alternativ wird das Arbeitsgericht die Änderungskündigung bestätigen, sodass das Arbeitsverhältnis zu den geänderten Bedingungen fortbesteht.

„Hiermit akzeptiere ich die von Ihnen im Schreiben vom ...... angebotenen Änderungen meiner Arbeitsbedingungen unter dem Vorbehalt gem. § 2 KSchG, dass die Änderung der Arbeitsbedingungen nicht sozial ungerechtfertigt ist."

- Der Arbeitnehmer kann die Änderung der Arbeitsbedingungen sowie die Beendigung seines Arbeitsverhältnisses ablehnen. In diesem Fall legt er eine „normale" **Kündigungsschutzklage** innerhalb von drei Wochen nach Zugang der Kündigung ein. Stellt das Arbeitsgericht fest, dass die in der Änderungskündigung enthaltene Beendigungskündigung unwirksam ist, wird das ursprüngliche Arbeitsverhältnis fortgesetzt. Bestätigt das Arbeitsgericht die Wirksamkeit der Kündigung, endet das Arbeitsverhältnis. **Maßstab der gerichtlichen Prüfung** ist dabei, ob das Änderungsangebot sozial gerechtfertigt ist (BAG 21.2.2002 – 2 AZR 556/00).

→ *Muster 7: Übersicht Reaktionsmöglichkeiten bei einer Änderungskündigung*

107. Ist der Betriebsrat bei Änderungskündigungen zu beteiligen?

Der Betriebsrat ist bei **Änderungskündigungen** gem. § 102 BetrVG zu beteiligen (→ *Frage 108: Wie ist das Beteiligungsrecht des Betriebsrats bei Kündigungen im Allgemeinen ausgestaltet?*). Ihm ist auch das Angebot zu den geänderten Arbeitsbedingungen mitzuteilen. Soweit im Zusammenhang mit der Änderung der Arbeitsvertragsbedingungen gleichzeitig auch eine **Versetzung** oder **Umgruppierung** gem. § 99 BetrVG erfolgt, ist der Betriebsrat diesbezüglich ebenfalls zu beteiligen. Die Beteiligung des Betriebsrats gem. § 99 BetrVG im Falle einer Versetzung des Arbeitnehmers ist allerdings keine Wirksamkeitsvoraussetzung für eine mit diesem Ziel erklärte Änderungskündigung (BAG 18.5.2017 – 2 AZR 606/16). Bei einer Änderung der Arbeitsbedingungen kann zudem auch ein Mitbestimmungsrecht gem. § 87 Abs. 1 BetrVG bestehen wie zB bei der Änderung der Lohnstruktur gem. § 87 Abs. 1 Nr. 10 BetrVG (BAG 17.6.1998 – 2 AZR 336/97; Fitting BetrVG § 102 Rn. 9 f.).

XII. Beteiligung des Betriebsrats bei Kündigungen

Betriebsräte sind bei dem Ausspruch von Kündigungen stets zu beteiligen. In der Praxis kommt es zu erheblichen Unsicherheiten darüber, wie dieses Beteiligungsrecht ausgestaltet ist, und insbesondere darüber, welche Reaktionen des Betriebsrats mit welchen Rechtsfolgen verbunden sind. Nachfolgende Fragestellungen erörtern diese Themen.

108. Wie ist das Beteiligungsrecht des Betriebsrats bei Kündigungen im Allgemeinen ausgestaltet?

Nach § 102 BetrVG ist eine **ohne Anhörung** des Betriebsrats ausgesprochene Kündigung **unwirksam.** Unwirksam ist auch eine Kündigung, zu der der Betriebsrat zwar angehört wurde, die Anhörung allerdings nicht den gesetzlichen bzw. den von der Rechtsprechung entwickelten Erfordernissen entspricht. Zwar handelt es sich beim Beteiligungsrecht gem. § 102 BetrVG „nur" um ein sog. Anhörungsrecht, dh eine relative „schwache" Form der Beteiligung. Dennoch scheitern in der Praxis Kündigungen daran, dass der Arbeitgeber die Betriebsratsanhörung fehlerhaft durchführt. Voraussetzung für die Durchführung des Anhörungsverfahrens ist stets ein funktionsfähiger Betriebsrat, der für das betreffende Arbeitsverhältnis zuständig ist. Ein erstmals gewählter Betriebsrat, der noch keine konstituierende Sitzung durchgeführt hat, ist noch nicht funktionsfähig und braucht daher bei Kündigungen nicht beteiligt zu werden (BAG 23.8.1984 – 6 AZR 520/82; Fitting BetrVG § 102 Rn. 7). Neben dem Beteiligungsrecht gem. § 102 BetrVG können sich im Zusammenhang mit Kündigungen weitere Rechte des Betriebsrats ergeben, zB bei einem größeren Personalabbau eine Beteiligung gem. § 17 KSchG bei einer sog. Massenentlassungsanzeige (→ *Frage 194: Was ist eine Massenentlassungsanzeige?*).

109. Bei welchen Kündigungen ist der Betriebsrat zu beteiligen?

Der Betriebsrat ist bei **sämtlichen beabsichtigten Kündigungen** durch den Arbeitgeber zu beteiligen, gleichgültig ob es sich um eine ordentliche, eine außerordentliche Kündigung, eine Beendigungs- oder Änderungskündigung handelt (Fitting BetrVG § 102 Rn. 5). Die Durchführung des Anhörungsverfahrens des Betriebsrats ist **auch dann** erforderlich, wenn der zu kündigende Arbeitnehmer **weder einen allgemeinen noch einen besonderen Kündigungsschutz** (→ *Frage 35: Welche Bedeutung hat das KSchG?*) für sich geltend machen kann. Auch bei Kündigungen in der Probezeit und auch bei Kündigungen von Aushilfsarbeitsverhältnissen ist das Anhörungsverfahren des Betriebsrats durchzuführen. Dies gilt selbst dann, wenn der zu kündigende Arbeitnehmer in einer Namensliste im Interessenausgleich steht (→ *Frage 74: Was ist eine Namensliste im Interessenausgleich?*) (BAG 28.8.2003 – 2 AZR 388/02). Die Anhörungspflicht entfällt auch dann nicht, wenn der Arbeitgeber den Betriebsrat zu einem bestimmten Sachverhalt bereits angehört hat und im Hinblick auf mögliche Verfahrensfehler (vorsorglich) eine **Wiederholungskündigung** (→ *Frage 15: Was ist eine Wiederholungskündigung?*) ausspricht (BAG 31.1.1996 – 2 AZR 273/95).

110. Muss der Betriebsrat auch nach § 102 BetrVG beteiligt werden, wenn der Arbeitgeber dem Verlangen des Betriebsrats nach Entlassung eines betriebsstörenden Arbeitnehmers gem. § 104 BetrVG nachkommt?

Verlangt der Betriebsrat nach § 104 BetrVG die **Entlassung eines betriebsstörenden Arbeitnehmers** und entschließt sich der Arbeitgeber, dem Wunsch des Betriebsrats zu entsprechen, ist dessen **weitere Beteiligung** nach § 102 BetrVG **nicht**

mehr erforderlich (BAG 28.3.2017 – 2 AZR 551/16).

→ *Frage 76: Welche Folgen kann ein Entlassungsverlangen des Betriebsrats gem. § 104 S. 2 BetrVG haben?*

111. Kann der Arbeitgeber bereits anhören, wenn er noch keinen Kündigungsentschluss gefasst hat (sog. Vorratsanhörung)?

Eine **Vorratsanhörung ist unzulässig.** Es widerspricht dem Zweck des § 102 BetrVG, das Verfahren zu einem Zeitpunkt einzuleiten, in dem der Arbeitgeber seinen **Kündigungsentschluss** noch nicht abschließend gefasst hat. Die Anhörung des Betriebsrats erfolgt dann vorzeitig, nämlich in einer Phase, in der die **Kündigungsüberlegungen** noch unter dem Vorbehalt der weiteren Entwicklung stehen. Der Betriebsrat könnte sich lediglich gutachterlich zu einem fiktiven Sachverhalt äußern. Von der Vorratsanhörung zu unterscheiden ist die Situation, dass der Arbeitgeber bei einem zum **Zeitpunkt der Anhörung feststehenden Kündigungssachverhalt** lediglich offenlässt, ob er eine **Änderungs- oder eine Beendigungskündigung** erklären wird und jedenfalls eine der beiden Kündigungen definitiv ausgesprochen werden soll. In diesem Fall ist die Willensbildung des Arbeitgebers regelmäßig abgeschlossen und damit eine Einflussnahme des Betriebsrats im Rahmen von § 102 BetrVG möglich (BAG 17.3.2016 – 2 AZR 182/15).

112. In welchen Fällen können Arbeitsverhältnisse ohne Beteiligung des Betriebsrats enden?

Im Falle einer einvernehmlichen Beendigung durch **Aufhebungsvertrag** bedarf es keiner Anhörung des Betriebsrats. Ebenso bedarf es bei **Fristablauf** von befristeten Arbeitsverhältnissen und im Falle einer **Eigenkündigung** des Arbeitnehmers keiner Beteiligung des Betriebsrats.

113. Welchen Betriebsrat muss der Arbeitgeber zu einer Kündigung anhören?

Anzuhören ist derjenige Betriebsrat des Betriebes, zu dessen **Belegschaft der zu kündigende Arbeitnehmer** gehört (BAG 24.5.2012 – 2 AZR 62/11; Fitting BetrVG § 102 Rn. 20b). Die Anhörung eines falschen, zB nicht mehr amtierenden oder unzuständigen Betriebsrats führt zur Unwirksamkeit der Kündigung (BAG 12.5.2005 – 2 AZR 149/04). In Fällen, in denen der Arbeitnehmer an wechselnden Stellen eingesetzt wird (zB aufgrund eines firmeninternen Trainee-Programms), kann die Frage der Zuständigkeit eine genaue Zuordnung des Arbeitnehmers erforderlich machen. Hier ist die konkrete Ausgestaltung des Trainee-Verhältnisses entscheidend. Es kommt insbesondere darauf an, ob die Ausbildung im Wesentlichen von einer Stelle organisiert und überwacht wird und ob die für das Arbeitsverhältnis grundlegenden Entscheidungen dort oder im Einsatzbetrieb getroffen werden (BAG 12.5.2005 – 2 AZR 149/04).

114. Kann das Beteiligungsrecht bei Kündigungen erweitert werden?

Gem. § 102 Abs. 6 BetrVG können Arbeitgeber und Betriebsrat vereinbaren, dass Kündigungen der **Zustimmung** des Betriebsrats bedürfen und bei Meinungsverschiedenheiten über die Berechtigung der Nichterteilung der Zustimmung zu der Kündigung die **Einigungsstelle** entscheidet. Erforderlich hierfür ist der Abschluss einer schriftlichen Betriebsvereinbarung. Eine formlose Regelungsabrede reicht nicht aus (BAG 21.6.2000 – 4 AZR 379/99). Wird eine Betriebsvereinbarung iSd § 102 Abs. 6 BetrVG abgeschlossen, tritt das Verfahren dieser Beteiligung anstelle des Anhörungsverfahrens nach § 102 Abs. 1 BetrVG. Für den Fall der Verweigerung der Zustimmung zu der Kündigung durch den Betriebsrat kann die Möglichkeit einer verbindlichen Entscheidung der Einigungsstelle vorgesehen werden. Dies ist jedoch nicht zwingend. Es kann auch die sofortige Entscheidung des Arbeitsgerichts über eine Zustimmungsersetzung vereinbart werden.

Ist ein Verfahren vor der Einigungsstelle vereinbart, kann der Arbeitgeber seine Mitteilungen zu den Kündigungsgründen an den Betriebsrat noch im Verfahren vor der Einigungsstelle ergänzen (BAG 7.12.2000 – 2 AZR 391/99). Verweigert die Einigungsstelle die Zustimmung, darf der Arbeitgeber die Kündigung nicht aussprechen. Eine dennoch durchgeführte Kündigung ist unwirksam. Die **Entscheidung der Einigungsstelle** unterliegt aber in vollem Umfang der **Überprüfung durch ein Arbeitsgericht**. Ersetzt die Einigungsstelle die fehlende Zustimmung des Betriebsrats, kann der Arbeitgeber unmittelbar kündigen. Dass auch diese Entscheidung der Einigungsstelle gerichtlich überprüfbar ist (Fitting BetrVG § 102 Rn. 127), steht dem insoweit nicht entgegen. In diesem Falle hat der Arbeitnehmer selbstverständlich stets die Möglichkeit, Kündigungsschutzklage zu erheben (→ *Frage 199: Was muss der Arbeitnehmer machen, wenn ihm eine Kündigung zugegangen ist?*).

115. In welcher Form müssen dem Betriebsrat die Informationen mitgeteilt werden?

Für die Mitteilung einer beabsichtigten Kündigung an den Betriebsrat bedarf es **keiner Schriftform,** die Mitteilung kann mündlich oder schriftlich erfolgen (Fitting BetrVG § 102 Rn. 21). Dies gilt selbst in Fällen, in denen der Kündigungssachverhalt außerordentlich komplex ist (BAG 6.2.1997 – 2 AZR 265/96). Aus Gründen der **Beweisbarkeit** erfolgt die Information an den Betriebsrat in der Regel allerdings **schriftlich.** Teilweise gehen Arbeitgeber auch „zweigleisig" vor und informieren den Betriebsrat mündlich ausführlich über die Kündigungsgründe; zusätzlich werden auf einem Formblatt die Personalien des Arbeitnehmers und stichwortartig die Kündigungsgründe mitgeteilt.

116. Welche Informationen müssen dem Betriebsrat im Einzelnen mitgeteilt werden?

§ 102 Abs. 1 BetrVG regelt lediglich, dass der Betriebsrat vor jeder Kündigung zu hören ist. Die Gründe der Kündigung sind ihm mitzuteilen. Diese Anhörungspflicht stellt für den Arbeitgeber eine Unterrichtungspflicht dar. Neben den Kündigungsgründen muss der Arbeitgeber den Betriebsrat auch über weitere „Eckpunkte" der Kündigung unterrichten. Folgende Informationen müssen dem Betriebsrat mitgeteilt werden:

- **Person:** Zunächst müssen dem Betriebsrat die Personalien des zu kündigenden Arbeitnehmers mitgeteilt werden. Dazu gehören **Name, Lebensalter, Familienstand und Unterhaltspflichten, Dauer der Betriebszugehörigkeit und ggf. Umstände für einen besonderen Kündigungsschutz (etwa eine bestehende Schwerbehinderung).** Zweck der Mitteilungspflicht dieser Sozialdaten ist, dass der Betriebsrat die soziale Schutzbedürftigkeit des Arbeitnehmers beurteilen kann. Auch bei einer (außerordentlichen) verhaltensbedingten Kündigung ist der Arbeitgeber grundsätzlich verpflichtet, die Sozialdaten vollständig mitzuteilen. Die fehlende Mitteilung der genauen Sozialdaten an den Betriebsrat steht der Wirksamkeit einer außerordentlichen Kündigung nur dann nicht entgegen, wenn es dem Arbeitgeber wegen der Schwere der Kündigungsvorwürfe auf die genauen Daten ersichtlich nicht ankommt und wenn der Betriebsrat die Daten in etwa kennt und daher die Kündigungsabsicht des Arbeitgebers ausreichend beurteilen kann (BAG 21.6.2001 – 2 AZR 30/00). Hinsichtlich der mitzuteilenden Personalien ist auf die **Kenntnis des Arbeitgebers** abzustellen, die dieser aufgrund der Angaben des Arbeitnehmers von dessen Sozialdaten hat, beispielsweise aufgrund der Lohnsteuerdaten.
- **Kündigungsart:** Ebenfalls ist die vorgesehene Kündigungsart mitzuteilen. Für den Betriebsrat muss sich aus der Information des Arbeitgebers eindeutig ergeben, ob eine **ordentliche oder eine außerordentliche** Kündigung beabsichtigt ist (BAG 29.8.1991 – 2 AZR 59/91). Nicht erforderlich ist aber, dass der Arbeitgeber die kündigungsrelevanten Tatsachen einem der Kündi-

gungsgründe des § 1 Abs. 2 KSchG (personen-, verhaltens- oder betriebsbedingt) zuordnet. Wenn eine Zuordnung erfolgt, ist der Arbeitgeber in einem späteren Kündigungsschutzprozess daran nicht gebunden. Weiter sind der **Kündigungstermin** und die **Kündigungsfrist** mitzuteilen. Es genügt dabei aber der Hinweis, dass die Kündigung zum nächstmöglichen Termin ausgesprochen werden soll.

- **Kündigungsgründe:** Es sind dem Betriebsrat sämtliche Gründe mitzuteilen, auf die der Arbeitgeber die Kündigung stützen will. Dabei gilt der Grundsatz der sog. „subjektiven Determination“. Mitzuteilen sind diejenigen **Gründe,** die aus der **subjektiven Sicht des Arbeitgebers die Kündigung rechtfertigen** und für seinen Kündigungsentschluss maßgeblich sind (Fitting BetrVG § 102 Rn. 41). Dem kommt der Arbeitgeber dann nicht nach, wenn er schon aus seiner eigenen Sicht dem Betriebsrat einen unrichtigen oder unvollständigen Sachverhalt darstellt (BAG 21.11.2013 – 2 AZR 797/11). Die Kündigungsgründe müssen vom Arbeitgeber so **detailliert** dargelegt werden, dass sich der Betriebsrat ohne zusätzliche eigene Nachforschungen ein Bild über die Stichhaltigkeit machen und die Kündigung beurteilen kann. Er muss in der Lage sein einzuschätzen, ob es sinnvoll ist, Bedenken (→ *Frage 129: In welchen Fällen kann der Betriebsrat Bedenken erheben?*) zu erheben oder Widerspruch (→ *Frage 131: In welchen Fällen kann der Betriebsrat Widerspruch erheben?*) gegen die Kündigung einzulegen (vgl. BAG 21.6.2001 – 2 AZR 30/00). Der Arbeitgeber **genügt** seiner ihm obliegenden Mitteilungspflicht **nicht,** wenn er den Kündigungssachverhalt nur **pauschal, schlagwort- oder stichwortartig umschreibt,** ohne die für seine Bewertung maßgeblichen Tatsachen mitzuteilen (BAG 17.2.2000 – 2 AZR 913/98). Dabei gehört zu einer vollständigen und wahrheitsgemäßen Information des Betriebsrats auch die Unterrichtung über Tatsachen, die den Arbeitnehmer entlasten und gegen den Ausspruch einer Kündigung sprechen (BAG 22.9.1994 – 2 AZR 31/94). Der Arbeitgeber ist im Anhörungsverfahren grundsätzlich **nicht verpflichtet,** der Arbeitnehmervertretung **Beweismittel** oder Unterlagen zur Verfügung zu stellen (BAG 27.3.2003 – 2 AZR 699/01).

117. Was ist, wenn sich die Sachlage zwischen Kündigungsanhörung des Betriebsrats und Ausspruch der Kündigung verändert?

Hat sich die **Sachlage wesentlich geändert** und wäre die Unterrichtung nach § 102 BetrVG anderenfalls irreführend, muss der Arbeitgeber den Betriebsrat auf die veränderte Sachlage hinweisen. Dies gilt sogar dann, wenn das **Anhörungsverfahren bereits abgeschlossen** war. Der Betriebsrat kann dann erneut auf Basis der neuen Informationen über seine Stellungnahme entscheiden (BAG 22.9.2016 – 2 AZR 700/15).

118. Bestehen Besonderheiten bei beabsichtigten Kündigungen von Arbeitnehmern, die noch nicht unter den Geltungsbereich des KSchG fallen?

Ja, weil in diesem Fall die Bestimmung des **Umfangs der Mitteilungspflicht** unklar sein kann. Denn grundsätzlich ist dem Betriebsrat auch in diesem Falle der Kündigungsgrund substantiiert mitzuteilen. Umgekehrt ist zu berücksichtigen, dass der Arbeitgeber für seinen Kündigungsentschluss in diesem Zeitpunkt noch keinen Kündigungsgrund benötigt, weil das KSchG noch keine Anwendung findet. Das BAG differenziert in diesem Zusammenhang bei sog. Wartezeit- bzw. Probezeitkündigungen (→ *Frage 12: Was ist eine Probezeitkündigung?*) hinsichtlich der Kündigungsbegründung. Bei Kündigungen, die auf **substantiierbare Tatsachen** gestützt werden, müssen dem Betriebsrat die zugrunde liegenden Tatsachen bzw. Ausgangsgrundlagen mitgeteilt werden. Bei Kündigungen, die auf **personenbezogenen Werturteilen** beruhen, die sich in vielen Fällen durch Tatsachen nicht näher belegen lassen, reicht die Mitteilung allein des Werturteils für eine ordnungsgemäße Anhörung des Betriebsrats aus. Der Arbeitgeber ist in diesem Fall nicht verpflichtet, im Rahmen des Anhörungsverfahrens nach § 102 BetrVG sein Werturteil gegenüber dem Betriebsrat zu substantiieren oder zu begründen (BAG 12.9.2013 – 6 AZR 121/12).

119. Kann sich der Arbeitgeber vor Gericht auf Kündigungsgründe berufen, die nicht dem Betriebsrat mitgeteilt wurden?

Nein, der Arbeitgeber kann vor Gericht die Kündigung nur mit den Kündigungssachverhalten begründen, die im Rahmen der Anhörung nach § 102 BetrVG dem Betriebsrat mitgeteilt wurden (Fitting BetrVG § 102 Rn. 42). Will der Arbeitgeber neue Kündigungsgründe in das Verfahren einführen, muss er zu diesen Gründen vorher den Betriebsrat (nochmals) anhören (BAG 4.6.1997 – 2 AZR 362/96). Einer erneuten Kündigung bedarf es aber nicht (Fitting BetrVG § 102 Rn. 43).

120. Welche Fehler bei der Unterrichtung des Betriebsrats führen zur Unwirksamkeit der Kündigung?

Entgegen dem Wortlaut des § 102 Abs. 1 S. 3 BetrVG führt nicht nur eine **fehlende**, sondern auch eine **fehlerhafte** Unterrichtung des Betriebsrats zur Unwirksamkeit der Kündigung (Fitting BetrVG § 102 Rn. 56 ff.). In diesem Zusammenhang ist eine Kündigung regelmäßig als unwirksam zu erachten bei

- unzutreffender Information über die Person des zu Kündigenden,
- fehlender oder unrichtiger Nennung der Kündigungsfrist,
- unzureichender Information über Kündigungsgründe,
- Information eines unzuständigen Gremiums oder eines nicht empfangsberechtigten Betriebsratsmitglieds,
- einer bewusst falschen Information durch den Arbeitgeber,
- Ausspruch der Kündigung vor Fristablauf, ohne dass eine abschließende Stellungnahme vorliegt.

121. Wem übermittelt der Arbeitgeber die Informationen zu einer Kündigungsanhörung?

Gem. § 26 Abs. 2 S. 2 BetrVG wird der Betriebsrat von seinem **Vorsitzenden** vertreten. Insoweit muss der Arbeitgeber diesem die Informationen zukommen lassen. Der Betriebsrat hat allerdings die Möglichkeit, die Wahrnehmung des Mitbestimmungsrechts gem. § 102 BetrVG auf einen Ausschuss zu übertragen. In der Praxis wird dazu häufig ein **Personalausschuss** gem. § 28 BetrVG gebildet. Besteht ein solcher und wurden ihm die Kündigungen gem. § 102 BetrVG zur selbstständigen Erledigung übertragen, so muss der Arbeitgeber dem Vorsitzenden des Ausschusses die Informationen zu einer Kündigung zukommen lassen.

122. Was muss der Betriebsratsvorsitzende machen, wenn er zu einer Kündigung angehört wurde?

Erhält der Betriebsratsvorsitzende die Anhörung zu einer Kündigung, so muss er zunächst prüfen, wann die Unterlagen bei ihm eingegangen sind. Er sollte sich dann im Kalender notieren, wann eine Frist abläuft. Anschließend sollte er die Kündigung innerhalb dieser Frist zum Gegenstand einer **Betriebsratssitzung machen**. Er muss also ggf. zu einer Betriebsratssitzung einladen, wenn innerhalb der Frist keine Sitzung stattfindet. Außerdem muss die Kündigung auf die Tagesordnung der Betriebsratssitzung gesetzt werden.

123. Wie kann der Betriebsrat auf eine Kündigungsanhörung reagieren?

Der Betriebsrat hat folgende Möglichkeiten zu reagieren:

- Zustimmung (→ *Frage 128: Was muss der Betriebsrat machen, wenn er seine Zustimmung geben möchte?*)
- Bedenken (→ *Frage 129: In welchen Fällen kann der Betriebsrat Bedenken erheben?*)

- Widerspruch (→ *Frage 131: In welchen Fällen kann der Betriebsrat Widerspruch erheben?*)
- Mitteilung, dass keine Stellungnahme erfolgt (→ *Frage 143: Was passiert, wenn der Betriebsrat keine Stellungnahme abgibt?*)
- Nichtreaktion (→ *Frage 143: Was passiert, wenn der Betriebsrat keine Stellungnahme abgibt?*)
- Nachfragen bzw. Anforderung weiterer Informationen (→ *Frage 144: Welche Folgen hat es, wenn der Betriebsrat weitere Informationen zu einer Kündigungsanhörung anfordert?*)

→ *Muster 9: Reaktionsmöglichkeiten des Betriebsrats bei Kündigungsanhörung gem. § 102 BetrVG*

124. Bis wann muss der Betriebsrat auf eine Kündigungsanhörung reagieren?

Die Frist für eine Reaktion des Betriebsrats beträgt bei einer Anhörung zu einer ordentlichen Kündigung gem. § 102 Abs. 2 S. 1 BetrVG **eine Woche.** Bei einer **außerordentlichen Kündigung** beträgt die Frist gem. § 102 Abs. 2 S. 3 BetrVG **drei Tage.**

125. Wie berechnen sich die Stellungnahmefristen?

Die **Frist** für die Stellungnahme des Betriebsrats **beginnt am Tag nach Zugang der Mitteilung des Arbeitgebers** beim Betriebsrat. Der Zugangstag ist nicht mitzurechnen. Will der Betriebsrat bei einer ordentlichen Kündigung Stellung nehmen (Bedenken/Widerspruch), muss seine schriftliche Stellungnahme an dem Wochentag der folgenden Woche beim Arbeitgeber eingehen, der in seiner Bezeichnung dem Tage entspricht, an dem beim Betriebsrat die vollständige Mitteilung des Arbeitgebers einging. Wenn bei dem Betriebsrat also an einem Montag die Arbeitgebermitteilung eingeht, endet die Wochenfrist am Montag der folgenden Woche. Die Drei-Tages-Frist endet am Donnerstag. Fällt der letzte Tag der Frist auf einen Samstag, Sonn- oder Feiertag, endet die Frist mit Ablauf des nächsten Werktages. Es hängt von den Verhältnissen im Betrieb ab, ob die **Frist am Tage des Fristablaufs bis Mitternacht** ausgeschöpft werden kann. Davon ist aber grundsätzlich auszugehen (Fitting BetrVG § 102 Rn. 50a).

126. Darf der Betriebsrat die Stellungnahmefrist immer voll ausschöpfen?

Der Betriebsrat ist **grundsätzlich berechtigt,** die Fristen für die Stellungnahme **voll auszuschöpfen,** dies gilt **auch in Eilfällen.** Eine Verkürzung der Frist kommt weder einseitig durch den Arbeitgeber noch durch Vereinbarung zwischen Arbeitgeber und Betriebsrat in Betracht. Eine **Verlängerung der Frist** kann jedoch vereinbart werden. Ändert sich der Sachverhalt oder der Informationsstand des Arbeitgebers während der Anhörungsfrist, muss der Arbeitgeber die Anhörung ergänzen (BAG 17.2.2000 – 2 AZR 913/98). Der Betriebsrat muss die Frist aber nicht ausschöpfen. Er kann bereits vor deren Ablauf eine abschließende Rückmeldung geben. Der Arbeitgeber darf dann die Kündigung aussprechen und muss nicht mehr bis zum Ablauf der Frist warten. Eine abschließende Rückmeldung des Betriebsrats liegt allerdings nur vor, wenn sich der Erklärung entnehmen lässt, dass der Betriebsrat sich bis zum Ablauf der Anhörungsfrist nicht noch einmal – und sei es „nur" zur Ergänzung der Begründung seiner bereits eröffneten Entschließung – äußern möchte. Dies wird regelmäßig nur dann der Fall sein, wenn der Betriebsrat der Kündigung zustimmt oder mitteilt, dass er sich nicht zur Kündigung äußern wird (BAG 25.5.2016 – 2 AZR 345/15) (→ *Frage 143: Was passiert, wenn der Betriebsrat keine Stellungnahme abgibt?*).

Praxistipp

Die Ausschöpfung der Fristen kann zur Folge haben, dass sich die Kündigungsfrist des Arbeitnehmers verlängert. Dies ist dann der Fall, wenn der Arbeitgeber beispielsweise kurz vor Ende des Monats den Betriebsrat zu einer Kündigung anhört und nach Ablauf der Stellungnahmefrist erst zu einem späteren Zeitpunkt gekündigt werden kann.

127. Kann der Betriebsrat vor seiner Beschlussfassung mit dem zu kündigenden Arbeitnehmer Kontakt aufnehmen und ihn anhören?

Gem. § 102 Abs. 2 S. 4 BetrVG soll der Betriebsrat, soweit dies erforderlich erscheint, vor seiner Stellungnahme den betroffenen Arbeitnehmer anhören. Hierüber entscheidet der Betriebsrat nach **eigenem Ermessen**. Bei der Geltendmachung der Widerspruchsgründe von § 102 Nr. 4 und Nr. 5 BetrVG ist eine Anhörung des Arbeitnehmers regelmäßig erforderlich. Unterbleibt eine Anhörung, auch wenn diese klar erforderlich wäre, wird dadurch die Ordnungsmäßigkeit des Anhörungsverfahrens nicht berührt.

128. Was muss der Betriebsrat machen, wenn er seine Zustimmung geben möchte?

Die **Zustimmung** zu einer Kündigung sieht § 102 BetrVG nicht vor. Sie kann vom Betriebsrat nicht verlangt werden (Fitting BetrVG § 102 Rn. 66). Dennoch kann der Betriebsrat der Kündigung zustimmen. Teilt er dies dem Arbeitgeber mit, so kann dieser anschließend die Kündigung aussprechen. Er muss dann nicht den Ablauf der Frist abwarten (BAG 25.5.2016 – 2 AZR 345/15).

→ *Muster 9: Reaktionsmöglichkeiten des Betriebsrats bei Kündigungsanhörung gem. § 102 BetrVG*

129. In welchen Fällen kann der Betriebsrat Bedenken erheben?

Die Äußerung von **Bedenken** ist das geeignete Mittel, wenn der Betriebsrat mit einer geplanten Kündigung nicht einverstanden ist, ohne dass einer der ausdrücklich in § 102 Abs. 3 BetrVG genannten Widerspruchsgründe eingreift. Bei einer außerordentlichen Kündigung besteht nur die Möglichkeit, Bedenken zu erheben; eine Möglichkeit zu einem Widerspruch ist hier nicht vorgesehen. Bedenken sind **schriftlich** gegenüber dem Arbeitgeber zu erheben.

→ *Muster 11: Beschluss von Bedenken gegen eine außerordentliche Kündigung*

130. Welche Rechtsfolge hat die Geltendmachung von Bedenken?

Konkrete **Rechtswirkungen** für den betroffenen Arbeitnehmer kommen der Geltendmachung von Bedenken **nicht zu.** Der Arbeitgeber kann sich ihnen anschließen, muss dies aber nicht. Überzeugen ihn die Bedenken nicht, kann er die Kündigung aussprechen. Das Arbeitsgericht muss sich mit Bedenken des Betriebsrats in einem Kündigungsschutzverfahren nicht auseinandersetzen. Ergibt sich aus der Erklärung der Bedenken, dass es sich um die abschließende Stellungnahme des Betriebsrats handelt, kann der Arbeitgeber ggf. vor Ablauf der Wochen- oder Drei-Tages-Frist die Kündigung aussprechen (BAG 25.5.2016 – 2 AZR 345/15).

131. In welchen Fällen kann der Betriebsrat Widerspruch erheben?

Der Betriebsrat kann gegen eine beabsichtigte **ordentliche Kündigung Widerspruch** erheben. Bei einer außerordentlichen Kündigung besteht die Möglichkeit eines Widerspruchs nicht. Eine Ausnahme ist aber anerkannt für die **außerordentliche Kündigung** mit sog. **sozialer Auslauffrist** (→ *Frage 7: Was ist eine Kündigung mit sozialer Auslauffrist?*) eines tarifvertraglich oder arbeitsvertraglich ordentlich nicht mehr kündbaren Arbeitnehmers (BAG 12.1.2006 – 2 AZR 242/05). Wenn der Betriebsrat dennoch einer außerordentlichen Kündigung widerspricht, so ist dies als eine qualifizierte Art von Bedenken zu werten (Fitting BetrVG § 102 Rn. 72).

132. Was muss der Betriebsrat beachten, wenn er einen Widerspruch erheben möchte?

Aus § 102 Abs. 5 BetrVG ergibt sich, dass der Widerspruch nicht nur **fristgemäß,** sondern auch **ordnungsgemäß** erhoben werden muss. Dies bedeutet, dass er unter Angabe von Gründen erfolgen muss. Im Rahmen der Begründung muss der Betriebsrat auf wenigstens eine der in § 102 Abs. 3 BetrVG abschließend aufgezählten **Widerspruchsgründe** Bezug nehmen. An die Begründung selbst sind keine allzu hohen Anforderungen zu stellen. Ausreichend ist eine Begründung, die es als möglich erscheinen lässt, dass mit der abgegebenen Begründung ein gesetzlicher Widerspruchstatbestand geltend gemacht wird; die bloße **Wiederholung des Gesetzeswortlauts reicht nicht** (BAG 17.6.1999 – 2 AZR 608/98; Fitting BetrVG § 102 Rn. 71). Der Betriebsrat kann nach Ablauf der Wochenfrist keine neuen Widerspruchsgründe mehr „nachschieben".

→ *Muster 10: Beschluss Widerspruch zu einer ordentlichen Kündigung*

133. Welche Form muss die Geltendmachung von Bedenken oder eines Widerspruchs haben?

Der Betriebsrat muss Bedenken gegen eine außerordentliche Kündigung bzw. einen Widerspruch gegen eine ordentliche Kündigung gem. § 102 Abs. 2, 3 BetrVG **schriftlich** mitteilen. Nach der neueren Rechtsprechung des BAG genügt eine E-Mail der Schriftform (BAG 10.3.2009 – 1 ABR 93/07). Ebenfalls ausreichend ist ein Telefax (vgl. Fitting BetrVG § 102 Rn. 64, 71).

134. Welche Widerspruchsgründe gibt es?

Die Widerspruchsgründe für den Betriebsrat sind **abschließend** in § 102 Abs. 3 BetrVG **aufgezählt.** Bei diesen Gründen handelt es sich in erster Linie – aber nicht ausschließlich – um Aspekte und Folgen von betriebsbedingten Kündigungen mit kollektivem Einschlag, die der Betriebsrat wegen seines besseren Überblicks über die betrieblichen Geschehnisse leichter erkennen und geltend machen kann als der einzelne Arbeitnehmer (vgl. Fitting BetrVG § 102 Rn. 75 ff.).

135. Wann kann gem. § 102 Abs. 3 Nr. 1 BetrVG einer Kündigung widersprochen werden?

Gem. § 102 Abs. 3 **Nr. 1** BetrVG kann der Betriebsrat widersprechen, wenn bei der **Auswahl des zu kündigenden Arbeitnehmers soziale Gesichtspunkte nicht oder nicht ausreichend berücksichtigt wurden.** Dieser Widerspruchsgrund kommt ausschließlich bei betriebsbedingten Kündigungen in Betracht und bezieht sich auf die Nichtbeachtung bzw. nicht ausreichende Beachtung von vorgeschriebenen Kriterien der Sozialauswahl (→ *Frage 57: Was ist eine Sozialauswahl?*). Darüber hinaus kann der Betriebsrat auch geltend machen, der Arbeitgeber habe zu Unrecht Arbeitnehmer nicht in die Sozialauswahl einbezogen (vgl. Fitting BetrVG § 102 Rn. 78), dann müssen diese Arbeitnehmer konkret benannt oder anhand abstrakter Merkmale bestimmbar sein (BAG 9.7.2002 – 5 AZR 305/02).

136. Wann kann gem. § 102 Abs. 3 Nr. 2 BetrVG einer Kündigung widersprochen werden?

Nach § 102 Abs. 3 **Nr. 2** BetrVG kann der Betriebsrat widersprechen, wenn die **Kündigung gegen eine Auswahlrichtlinie nach § 95 BetrVG verstößt** (→ *Frage 73: Welche Folgen hat es, wenn der Arbeitgeber die Sozialauswahl nach einer mit dem Betriebsrat vereinbarten Auswahlrichtlinie durchführt?*). Voraussetzung ist, dass der betroffene Arbeitnehmer bei korrekter Anwendung der Richtlinie nicht zum Kreis der entlassenen Arbeitnehmer gehören würde (BAG 9.11.2006 – 2 AZR 812/05; Fitting BetrVG § 102 Rn. 82 mwN).

137. Wann kann gem. § 102 Abs. 3 Nr. 3 BetrVG einer Kündigung widersprochen werden?

Gem. § 102 Abs. 3 **Nr. 3** BetrVG besteht ein **Widerspruchsrecht,** wenn der **zu kündigende Arbeitnehmer an einen anderen Arbeitsplatz in demselben Betrieb oder in einem anderen Betrieb des Unternehmens weiterbeschäftigt werden kann.** Der Betriebsrat muss die anderweitige Beschäftigungsmöglichkeit in bestimmbarer Weise angeben (BAG 15.3.2001 – 2 AZR 141/00). Der Widerspruch muss sich auf einen anderen freien Arbeitsplatz beziehen. Der Arbeitgeber ist nicht verpflichtet, für den zu kündigenden Arbeitnehmer einen neuen Arbeitsplatz zu schaffen oder einen bereits besetzten Arbeitsplatz freizumachen. Der Betriebsrat muss den freien Arbeitsplatz konkret, zumindest in bestimmbarer Weise angeben. Ein allgemeiner Hinweis auf irgendeine Beschäftigungsmöglichkeit im Betrieb reicht für einen ordnungsgemäßen Widerspruch nicht aus (BAG 17.6.1999 – 2 AZR 608/98; Fitting BetrVG § 102 Rn. 83). Wenn der Betriebsrat auf bestehende Weiterbeschäftigungsmöglichkeiten konkret verweist, stimmt er damit einer ggf. erforderlichen Versetzung nach § 99 BetrVG zu.

138. Wann kann gem. § 102 Abs. 3 Nr. 4 BetrVG einer Kündigung widersprochen werden?

Nach § 102 Abs. 3 **Nr. 4** BetrVG kann der Betriebsrat der Kündigung **widersprechen,** wenn die **Weiterbeschäftigung des Arbeitnehmers nach zumutbaren Umschulungs- oder Fortbildungsmaßnahmen möglich ist.** Damit soll der Arbeitgeber dem Arbeitnehmer Gelegenheit zur Einarbeitung in geänderte Arbeitsbedingungen geben. Der Betriebsrat muss angeben, auf welchem gleichwertigen freien Arbeitsplatz der Arbeitnehmer nach Beendigung der Bildungsmaßnahme eingesetzt werden kann. Unzumutbar für den Arbeitgeber ist die Umschulung jedoch, wenn sie in angemessener Zeit keinen Erfolg verspricht, der Arbeitnehmer nicht zustimmt oder zum Zeitpunkt der Beendigung der Umschulung voraussichtlich kein freier Arbeitsplatz vorhanden sein wird (Fitting BetrVG § 102 Rn. 91). In diesen Fällen wäre ein Widerspruch unbegründet.

139. Wann kann gem. § 102 Abs. 3 Nr. 5 BetrVG einer Kündigung widersprochen werden?

Schließlich kann gem. § 102 Abs. 3 **Nr. 5** BetrVG der Kündigung **widersprochen** werden, **wenn eine Weiterbeschäftigung des Arbeitnehmers unter geänderten (auch ungünstigeren) Vertragsbedingungen möglich ist und der Arbeitnehmer sein Einverständnis damit erklärt hat.** Dieses Widerspruchsrecht ist von dem vorherigen Einverständnis des Arbeitnehmers abhängig. Der Arbeitnehmer kann sein Einverständnis jedoch unter der Bedingung erklären, dass die vorgeschlagene Vertragsänderung einer gerichtlichen Prüfung auf ihre soziale Rechtfertigung standhält. In diesem Fall ist der Arbeitgeber zum Ausspruch einer Änderungskündigung verpflichtet, um die Weiterbeschäftigung zu geänderten Bedingungen durchzusetzen (Fitting BetrVG § 102 Rn. 96) (→ *Frage 13: Was ist eine Änderungskündigung?*; → *Frage 53: Was sind bestehende Weiterbeschäftigungsmöglichkeiten?*).

140. Welche Rechtsfolgen hat ein ordnungsgemäßer Widerspruch?

Wichtig ist zunächst die Feststellung, dass der Arbeitgeber trotz eines frist- und ordnungsgemäßen Widerspruchs die beabsichtigte Kündigung aussprechen kann. Allerdings führt ein frist- und ordnungsgemäßer Widerspruch zu dem **gesetzlichen Weiterbeschäftigungsanspruch** für den betroffenen Arbeitnehmer (§ 102 Abs. 5 BetrVG) (→ *Frage 208: Welche Weiterbeschäftigungsansprüche gibt es?*).

141. Wirkt sich ein Fehler bei der Beschlussfassung auf die Wirksamkeit einer Kündigung aus?

Die Frage der ordnungsgemäßen Beschlussfassung des Betriebsrats ist für die Wirksamkeit einer Kündigung nur dann relevant, wenn der Arbeitgeber vor Ablauf der Stellungnahmefrist kündigt, weil aus seiner Sicht bereits eine Stellungnahme des Betriebsrats vorliegt. Wartet der Arbeitgeber hingegen die Frist ab und spricht erst dann die Kündigung aus, so hat er den Betriebsrat insoweit ordnungsgemäß beteiligt; die Frage nach Mängeln in der Beschlussfassung hat dann keine Bedeutung mehr. Bei einem vom Arbeitgeber ordnungsgemäß eingeleiteten Anhörungsverfahren sind **Mängel in der Willensbildung für den Arbeitgeber** unerheblich (Fitting BetrVG § 102 Rn. 53). Diese Fehler gehören zur Sphäre des Betriebsrats bzw. zu dessen Zuständigkeits- und Verantwortungsbereich und gehen nicht zulasten des Arbeitgebers (BAG 16.1.2003 – 2 AZR 707/01). Dies ist gerechtfertigt, weil der Arbeitgeber keine Einflussmöglichkeiten auf die Beschlussfassung des Betriebsrats hat. Eine Ausnahme besteht aber in Fällen, bei denen in Wirklichkeit überhaupt keine Stellungnahme des Gremiums, sondern erkennbar nur eine **persönliche Äußerung des Betriebsratsvorsitzenden** vorliegt (zB unmittelbare Rückmeldung nach Mitteilung der Kündigungsabsicht), oder der **Arbeitgeber** den Fehler des Betriebsrats durch unsachgemäßes Verhalten **selbst veranlasst** hat (LAG Saarl 30.11.2016 – 2 Sa 4/16). Ansonsten wirken sich Mängel des Betriebsrats auf das Anhörungsverfahren nach § 102 Abs. 1 BetrVG grundsätzlich selbst dann nicht aus, wenn der Arbeitgeber im Zeitpunkt der Kündigung weiß oder nach den Umständen vermuten kann, dass die Behandlung der Angelegenheit durch den Betriebsrat nicht fehlerfrei erfolgt ist (BAG 16.1.2003 – 2 AZR 707/01).

Praxistipp

Typische und dringend zu vermeidende Mängel in der Beschlussfassung können sein: fehlerhafte Zusammensetzung des Betriebsrats oder des Ausschusses bei der Beschlussfassung, Mängel bei der Beschlussfassung selbst, zB Umlaufverfahren (vgl. Fitting BetrVG § 102 Rn. 53).

142. Wirkt sich ein Fehler bei der Beschlussfassung eines Widerspruchs auf den Weiterbeschäftigungsanspruch nach § 102 Abs. 5 BetrVG aus?

Der Weiterbeschäftigungsanspruch setzt gem. § 102 Abs. 5 BetrVG einen frist- und ordnungsgemäßen Widerspruch des Betriebsrats voraus. Wenn Fehler in der Beschlussfassung geschehen sind, kann dies dazu führen, dass es sich nicht um einen **ordnungsgemäßen Widerspruch** handelt. Die Folge ist, dass der Arbeitnehmer dann nicht nach Ablauf der Kündigungsfrist bis zum rechtskräftigen Ende des Kündigungsschutzverfahrens weiterbeschäftigt werden muss (→ *Frage 209: Welche Voraussetzungen hat der Weiterbeschäftigungsanspruch gem. § 102 BetrVG?*).

143. Was passiert, wenn der Betriebsrat keine Stellungnahme abgibt?

Wenn der Betriebsrat sich zu der beabsichtigten Kündigung nicht äußert, muss der Arbeitgeber lediglich den **Ablauf der Stellungnahmefrist** (→ *Frage 124: Bis wann muss der Betriebsrat auf eine Kündigungsanhörung reagieren?*) abwarten und kann dann die Kündigung aussprechen. Teilt der Betriebsrat dem Arbeitgeber vor Ablauf der Frist mit, dass er keine Stellungnahme abgeben wird, so kann der Arbeitgeber bereits vor Ablauf der Frist die Kündigung aussprechen (BAG 25.5.2016 – 2 AZR 345/15).

→ *Muster 12: Beschlussfassung über keine Stellungnahme zur Kündigungsabsicht*

144. Welche Folgen hat es, wenn der Betriebsrat weitere Informationen zu einer Kündigungsanhörung anfordert?

Eine unvollständige Anhörung durch den Arbeitgeber führt dazu, dass die Kündigung unwirksam ist (→ *Frage 120: Welche Fehler bei der Unterrichtung des Betriebsrats führen zur Unwirksamkeit der Kündigung?*). Stellt der Betriebsrat fest, dass die Anhörung unvollständig ist, kann er vom Arbeitgeber **weitere Informationen anfordern.** Dabei sollte der Betriebsrat allerdings beachten, dass er damit dem Arbeitgeber die Möglichkeit gibt, eine vollständige Anhörung vor Ausspruch der Kündigung nachzuholen und dieser damit eine unwirksame Kündigung ggf. vermeiden kann (vgl. Fitting BetrVG § 102 Rn. 56). Nimmt der Arbeitgeber eine neue Anhörung vor, so beginnen die Stellungnahmefristen erneut zu laufen.

→ *Muster 9: Reaktionsmöglichkeiten des Betriebsrats bei Kündigungsanhörung gem. § 102 BetrVG*

→ *Muster 13: Anschreiben an Arbeitgeber, Nachfrage nach weiteren Informationen*

145. Darf der Betriebsrat sich nur einmal zu einer Kündigung äußern?

Der Betriebsrat darf sich innerhalb der Stellungnahmefrist (→ *Frage 124: Bis wann muss der Betriebsrat auf eine Kündigungsanhörung reagieren?*) auch **mehrmals äußern.** Die Möglichkeit zur Stellungnahme gegenüber dem Arbeitgeber ist **nicht auf eine einmalige Äußerung beschränkt.** Der Betriebsrat ist auch nicht gehalten, sich die Ergänzung seiner ersten Stellungnahme ausdrücklich vorzubehalten. Anders kann dies allein dann sein, wenn sich aus dem Verhalten des Betriebsrats besondere Anhaltspunkte für eine **abschließende Stellungnahme** ergeben. Dies liegt in der Regel vor, wenn der Betriebsrat dem Arbeitgeber mitteilt, er stimme der beabsichtigten Kündigung ausdrücklich und vorbehaltlos zu, oder erklärt, von einer Äußerung zur Kündigungsabsicht abzusehen (BAG 25.5.2016 – 2 AZR 345/15).

146. Was muss der Arbeitgeber machen, wenn er trotz eines Widerspruchs des Betriebsrats eine Kündigung ausspricht?

Der Arbeitgeber hat gem. § 102 Abs. 4 BetrVG dem Arbeitnehmer mit der Kündigung eine **Abschrift der Stellungnahme** des Betriebsrats zuzuleiten.

147. Welche Folgen hat es, wenn der Arbeitgeber entgegen § 102 Abs. 4 BetrVG die Stellungnahme des Betriebsrats nicht der Kündigung beifügt?

Die **Kündigung** ist trotz der Verletzung der Pflicht aus § 102 Abs. 4 BetrVG **nicht unwirksam.** Allerdings kann eine Verletzung **Schadensersatzansprüche** des Arbeitnehmers zur Folge haben. Ferner kann bei wiederholter Verletzung der Betriebsrat ein **Verfahren gem. § 23 Abs. 3 BetrVG** einleiten (Fitting BetrVG § 102 Rn. 100).

148. Kann der Betriebsrat seine Stellungnahme dem gekündigten Arbeitnehmer übergeben?

Hat der Arbeitgeber dem gekündigten Arbeitnehmer die Stellungnahme des Betriebsrats entgegen § 102 Abs. 4 BetrVG nicht ausgehändigt, kann auch der Betriebsrat diese an den Arbeitnehmer übermitteln (Fitting BetrVG § 102 Rn. 100).

149. Kann die Mitwirkung bei Kündigungen gem. § 102 BetrVG auf einen Ausschuss übertragen werden?

Der Betriebsrat kann einen sog. **Personalausschuss** bilden, der die Anhörungsverfahren nach § 102 BetrVG bearbeitet. Zweckmäßig ist es, diesem Ausschuss eine Entscheidungskompetenz zu verleihen, damit er selbstständig auf Anhörungen zu beabsichtigten Kündigungen reagieren kann. Voraussetzung für einen Personalausschuss mit Kompetenz zur selbstständigen Erledigung ist das **Bestehen eines Betriebsausschusses** gem. § 27 BetrVG. Besteht dieser, kann der Betriebsrat weitere Ausschüsse – auch einen Personalausschuss – gem. § 28 BetrVG bilden. Gem. § 27 BetrVG besteht diese Möglichkeit nur bei einem Betriebsrat mit mindestens 9 Mitgliedern in einem Betrieb mit mindestens 201 Arbeitnehmern (Fitting BetrVG § 28 Rn. 19).

Formulierungsmuster

„Der Betriebsrat beauftragt den Personalausschuss zur selbstständigen Wahrnehmung der Mitbestimmungsrechte gem. § 102 BetrVG in Bezug auf Kündigungen."

150. Welche Verschwiegenheitsverpflichtungen bestehen bei einer Kündigungsanhörung?

Der Betriebsrat hat zu sämtlichen personellen Daten des betroffenen Arbeitnehmers, die von seinem allgemeinen Persönlichkeitsrecht umfasst sind, Verschwiegenheit zu wahren. Dies betrifft insbesondere die mitgeteilten potentiellen Kündigungsgründe sowie die Sozialdaten des Arbeitnehmers. Die **Verschwiegenheitsverpflichtung** ist gesetzlich in § 102 Abs. 2 S. 5 BetrVG iVm § 99 Abs. 1 S. 3 BetrVG geregelt.

151. Was ist ein Einspruch gegen eine Kündigung und wie ist der Betriebsrat hier zu beteiligen?

Hält der Arbeitnehmer eine Kündigung für sozial ungerechtfertigt, so kann er binnen einer Woche nach der Kündigung **Einspruch** beim Betriebsrat einlegen. Erachtet der Betriebsrat den Einspruch für begründet, so hat er zu versuchen, eine Verständigung mit dem Arbeitgeber herbeizuführen. Er hat seine Stellungnahme zum Einspruch dem Arbeitnehmer und dem Arbeitgeber auf Verlangen schriftlich mitzuteilen. Der Arbeitnehmer soll die schriftliche Äußerung seiner Kündigungsschutzklage gem. § 4 KSchG beifügen. Die Anrufung des Betriebsrats ist aber nicht zwingend vorgeschrieben und ist auch keine Prozessvoraussetzung für den Kündigungsschutzprozess. In der Praxis spielt das Beteiligungsrecht gem. § 3 KSchG keine große Rolle, weil der Betriebsrat durch § 102 BetrVG bereits beteiligt wird und die Beteiligung auch unabhängig von einem Einspruch des Arbeitnehmers erfolgt (Fitting BetrVG § 102 Rn. 133).

XIII. Sonstige Beendigung eines Arbeitsverhältnisses

Die Kündigung ist eine Möglichkeit, wie ein Arbeitsverhältnis beendet werden kann. Die nachfolgenden Fragen und Antworten befassen sich mit den sonstigen Beendigungsmöglichkeiten. Dabei soll insbesondere betrachtet werden, in welcher Art und Weise der Betriebsrat eingebunden ist.

152. Was ist ein Aufhebungsvertrag?

Ein Aufhebungsvertrag liegt vor, wenn Arbeitgeber und Arbeitnehmer übereinstimmend erklären, dass sie ihr **Arbeitsverhältnis auflösen** wollen. Der Abschluss des Aufhebungsvertrags führt dann zu einer Beendigung des Arbeitsverhältnisses.

153. Muss der Betriebsrat bei Abschluss eines Aufhebungsvertrags beteiligt werden?

Bei einem Aufhebungsvertrag ist der Betriebsrat nicht gem. § 102 BetrVG zu beteiligen (BAG 28.6.2005 – 1 ABR 25/04). Allerdings ist der Betriebsrat vom Arbeitgeber gem. § 80 Abs. 2 iVm § 92a BetrVG darüber zu **informieren,** dass Arbeitnehmer durch den Abschluss eines Aufhebungsvertrags den Betrieb verlassen.

154. Hat der Arbeitnehmer das Recht, ein Betriebsratsmitglied hinzuzuziehen, wenn der Arbeitgeber ihm im Rahmen eines Personalgesprächs einen Aufhebungsvertrag anbieten will?

Gem. § 82 Abs. 2 BetrVG kann der Arbeitnehmer verlangen, dass mit ihm die **Beurteilung seiner Leistungen** sowie die Möglichkeiten seiner **beruflichen Entwicklung** im Betrieb erörtert werden. Dazu kann er ein Mitglied des Betriebsrats hinzuziehen. Der Arbeitnehmer hat insoweit einen Anspruch auf Hinzuziehung eines Betriebsratsmitglieds, wenn es in dem Personalgespräch nicht ausschließlich um die **Konditionen des Ausscheidens** geht, sondern gleichzeitig auch darüber gesprochen wird, welche alternativen Entwicklungsmöglichkeiten für den Arbeitnehmer bei Ablehnung des Aufhebungsvertrags bestehen. Der Wunsch, über die Alternativen zu sprechen, kann auch vom Arbeitnehmer ausgehen (BAG 16.11.2004 – 1 ABR 53/03; Fitting BetrVG § 82 Rn. 12).

155. Was muss der Arbeitnehmer bei Abschluss eines Aufhebungsvertrags beachten?

Der Arbeitnehmer muss beachten, dass der Abschluss eines Aufhebungsvertrags dazu führen kann, dass er eine **Sperrzeit** gem. § 159 SGB III beim Bezug des Arbeitslosengelds (ALG I) bekommen kann. In bestimmten Situationen kann es auch dazu kommen, dass gem. § 158 SGB III der **Anspruch auf ALG I ruht** (Fitting BetrVG §§ 112, 112a Rn. 208 ff.).

156. Wie kann ein Arbeitsvertrag ohne Kündigung oder Aufhebungsvertrag auch noch enden und wie ist der Betriebsrat dabei zu beteiligen?

Ein Arbeitsvertrag kann insbesondere durch eine vereinbarte **Befristung bzw. Bedingung** (zB nach Ablauf von zwei Jahren gem. § 14 Abs. 2 TzBfG) enden. Das Arbeitsverhältnis kann gem. § 9 KSchG durch das Arbeitsgericht **aufgelöst** werden (→ *Frage 205: Wann wird ein Arbeitsverhältnis auf Antrag des Arbeitnehmers vom Arbeitsgericht aufgelöst?*).

Ferner endet das Arbeitsverhältnis mit dem **Tod des Arbeitnehmers.** In allen diesen Situationen ist der Betriebsrat im Hinblick auf die Beendigung nicht gem. § 102 BetrVG zu beteiligen, da das dort geregelte Mitbestimmungsrecht ausdrücklich nur für Kündigungen durch den Arbeitgeber gilt. Allerdings ist der Betriebsrat vom Arbeitgeber gem. § 80 Abs. 2 iVm § 92a BetrVG darüber zu informieren, dass das Arbeitsverhältnis eines Arbeitnehmers beendet wurde.

XIV. Abfindung

Vielfach stellt sich für Arbeitnehmer die Frage, ob sie bei Erhalt einer Kündigung einen Anspruch auf Abfindung haben. Nachfolgend soll behandelt werden, in welchen Situationen Arbeitnehmer Anspruch auf eine Abfindung haben und in welcher Höhe ein derartiger Anspruch besteht.

157. Gibt es immer einen Anspruch auf Abfindung bei einer Kündigung?

Nein, es gibt **nicht bei jeder Kündigung** einen Anspruch auf eine Abfindung. Ein Anspruch auf Abfindung kann sich allerdings aus dem **Gesetz** (→ *Frage 159: Wann besteht ein Abfindungsanspruch gem. § 1a KSchG?*; → *Frage 207: Was muss das Arbeitsgericht bei einer Auflösungsentscheidung machen?*), einem **Tarifvertrag,** einer **Betriebsvereinbarung** bzw. einem **Sozialplan** (→ *Interessenausgleich und Sozialplan / Frage 150: Wonach bestimmt sich die Höhe der Abfindungsbeträge?*) und auch aus einem **Aufhebungsvertrag** bzw. einem **gerichtlichen Vergleich** (→ *Frage 152: Was ist ein Aufhebungsvertrag?*; → *Frage 204: Wie kann ein Kündigungsschutzverfahren enden?*) ergeben.

158. Wie hoch sind üblicherweise Abfindungen?

Es gibt **keine allgemein gültigen Regeln** zur Abfindungshöhe, soweit die Abfindung nicht aus dem Gesetz resultiert. Die Abfindung ist vielmehr von **diversen Faktoren** abhängig (u. a. Dauer der Betriebszugehörigkeit, Lage auf dem Arbeitsmarkt, prozessuale Risiken für den Arbeitgeber oder Arbeitnehmer, regionale und betriebliche Üblichkeit). Manchmal erfolgt eine **Orientierung an § 1a Abs. 2 KSchG,** wonach eine Abfindung von 0,5 Brutto-Monatsverdiensten für jedes Jahr des Bestehens des Arbeitsverhältnisses zu zahlen ist. Die Abfindung kann allerdings in der Praxis darunter und auch deutlich darüber liegen (BAG 10.7.2008 – 2 AZR 209/07).

Praxistipp

Arbeitnehmer sollten sich vor Abschluss eines Aufhebungsvertrags, in dem eine Abfindung geregelt ist, bei ehemaligen Kollegen und beim Betriebsrat informieren, ob die angebotene Abfindungshöhe betriebsüblich ist.

159. Wann besteht ein Abfindungsanspruch gem. § 1a KSchG?

Ein Abfindungsanspruch gem. § 1a KSchG erfordert:

- eine **betriebsbedingte** Kündigung, die auf dringende betriebliche Gründe gestützt wird (→ *Frage 2: Was ist eine betriebsbedingte Kündigung?*),
- das **Verstreichenlassen** der Frist gem. § 4 S. 1 KSchG zur Einlegung einer Kündigungsschutzklage (→ *Frage 201: In welcher Frist muss der Arbeitnehmer nach Zugang einer Kündigung eine Kündigungsschutzklage einreichen?*) und
- den **Hinweis des Arbeitgebers** in der Kündigungserklärung, dass die Kündigung auf dringende betriebliche Gründe gestützt ist und der

Arbeitnehmer bei Verstreichenlassen der Klagefrist die Abfindung beanspruchen kann.

Praxistipp

Der Arbeitgeber kann in seiner Kündigungserklärung auch eine geringere Abfindungshöhe anbieten. Dann handelt es sich um ein von § 1a KSchG unabhängiges Angebot (BAG 10.7.2008 – 2 AZR 209/07). Der Arbeitnehmer sollte also genau lesen bzw. ggf. auch anwaltlich prüfen lassen, was der Arbeitgeber ihm als Gegenleistung für den Verzicht auf die Kündigungsschutzklage durch Verstreichenlassen der Frist zu deren Einlegung anbietet.

160. Wie hoch ist der Abfindungsanspruch gem. § 1a KSchG?

Gem. § 1a Abs. 2 KSchG erhält der Arbeitnehmer **0,5 Monatsverdienste** für **jedes Jahr des Bestehens des Arbeitsverhältnisses.** Als Monatsverdienst gilt gem. § 10 Abs. 3 KSchG, was dem Arbeitnehmer bei der für ihn maßgebenden regelmäßigen Arbeitszeit in dem Monat, in dem das Arbeitsverhältnis endet, an Geld und Sachbezügen zusteht. Bei der Ermittlung der Dauer des Arbeitsverhältnisses ist ein Zeitraum von mehr als sechs Monaten auf ein volles Jahr aufzurunden.

161. Müssen Abfindungen versteuert werden?

Ja, aber die Abfindung wird durch die sog. **„Fünftelungsregelung"** anders behandelt als normales Einkommen. Vereinfacht gesagt wird hiernach der maßgebliche Steuersatz so bestimmt, als wäre die Abfindung auf fünf Jahre verteilt worden. Die Abfindung wird aber vollständig und in dem Jahr, in dem der Arbeitnehmer sie erhält, versteuert (vgl. Fitting BetrVG §§ 112, 112a Rn. 203 ff.).

162. Fallen bei Abfindungen Sozialabgaben an?

Nein, für die Abfindung sind **keine Sozialabgaben** zu zahlen (Fitting BetrVG §§ 112, 112a Rn. 207).

163. Reduziert die Abfindung den Anspruch auf Arbeitslosengeld?

Der Anspruch auf **ALG I** wird durch eine Abfindung nicht reduziert. Zu beachten ist allerdings, dass es bei der Nichteinhaltung einer Kündigungsfrist bzw. eines Schutzes vor ordentlichen Kündigungen zu einer **Ruhenszeit** gem. § 158 SGB III kommen kann. Die Länge der Ruhenszeit kann von der Höhe der Abfindung abhängig sein. Ferner wird die Abfindung berücksichtigt, wenn der Arbeitnehmer **ALG II** (sog. Hartz IV) beantragt (Fitting BetrVG §§ 112, 112a Rn. 208 ff.).

XV. Kündigungsschutz für Betriebsräte

In § 103 BetrVG und § 15 KSchG finden sich Regelungen zum Kündigungsschutz für Betriebsräte. In der Praxis stellt sich die Frage, vor welchen Kündigungen ein Schutz besteht und für welchen Zeitraum. Ferner wollen Ersatzmitglieder wissen, ob auch sie einen Kündigungsschutz genießen.

164. Ist ein Betriebsratsmitglied vor jeder Kündigung geschützt?

Ein Betriebsratsmitglied ist in der Regel vor **ordentlichen Kündigungen** gem. § 15 Abs. 1 KSchG geschützt (→ *Frage 165: Wie ist der Kündigungsschutz bei ordentlichen Kündigungen ausgestaltet?*). **Außerordentliche Kündigungen** gegenüber einem Betriebsratsmitglied sind hingegen nicht ausgeschlossen. Dennoch ist das Betriebsratsmitglied gem. § 103 Abs. 1 BetrVG geschützt (→ *Frage 166: Wie ist der Kündigungsschutz bei außerordentlichen Kündigungen ausgestaltet?*).

165. Wie ist der Kündigungsschutz bei ordentlichen Kündigungen ausgestaltet?

Gem. § 15 Abs. 1 KSchG sind **ordentliche Kündigungen** von Betriebsratsmitgliedern während ihrer Amtszeit und für einen **Zeitraum von einem Jahr** (sog. nachwirkender Kündigungsschutz) nach Beendigung der Amtszeit unzulässig. Dabei ist unerheblich, ob es sich um eine verhaltens-, personen- oder betriebsbedingte Kündigung handelt. Eine Ausnahme besteht gem. § 15 Abs. 4 KSchG bei einer **Betriebsstilllegung.** In dieser Situation können auch Betriebsratsmitglieder gekündigt werden. Im Fall einer **Betriebsabteilungsstilllegung** kann gem. § 15 Abs. 5 KSchG ausnahmsweise ebenfalls eine ordentliche Kündigung erfolgen. Allerdings ist das Betriebsratsmitglied vorrangig in einer anderen Betriebsabteilung zu beschäftigen. Erst wenn dies nicht möglich ist, kann eine Kündigung erfolgen (vgl. ausführlich Fitting BetrVG § 103 Rn. 14 ff.).

166. Wie ist der Kündigungsschutz bei außerordentlichen Kündigungen ausgestaltet?

Gem. § 103 Abs. 1 BetrVG ist die **Zustimmung des Betriebsrats** zu einer solchen Kündigung erforderlich. Wenn der Betriebsrat die Zustimmung verweigert, kann der Arbeitgeber gem. § 103 Abs. 2 BetrVG beim Arbeitsgericht deren Ersetzung beantragen. Voraussetzung dafür ist, dass die **außerordentliche Kündigung** unter Berücksichtigung aller Umstände gerechtfertigt ist. In dem Verfahren vor dem Arbeitsgericht ist der betroffene Arbeitnehmer Beteiligter. Der Schutz besteht **während der Amtszeit** des Betriebsratsmitglieds. Anders als bei § 15 Abs. 1 KSchG gibt es allerdings **keinen nachwirkenden Kündigungsschutz.**

→ *Muster 17: Übersicht Streitigkeiten*

167. Muss der Betriebsrat seine Zustimmungsverweigerung begründen?

Nein, denn anders als in § 102 Abs. 3 BetrVG oder in § 99 Abs. 2 BetrVG enthält § 103 Abs. 1 BetrVG **keinen abschließenden Katalog** von Gründen. Eine Begründung ist aber ratsam (Fitting BetrVG § 103 Rn. 35).

168. Kann der Betriebsrat seine Zustimmung nachträglich erteilen?

Eine **nachträgliche Zustimmung** ist möglich. Dies gilt selbst noch nach Einleitung eines Beschlussverfahrens durch den Arbeitgeber. Hingegen kann der Betriebsrat eine einmal erteilte Zustimmung nicht wieder zurücknehmen (Fitting BetrVG § 103 Rn. 36 f.).

169. Was ist, wenn der Betriebsrat nur aus einer Person besteht und kein Ersatzmitglied vorhanden ist?

Soll das Arbeitsverhältnis des einzigen Betriebsratsmitglieds gekündigt werden und fehlt ein gewähltes Ersatzmitglied, hat der Arbeitgeber unmittelbar ein auf **Ersetzung der Zustimmung** gerichtetes **Beschlussverfahren** einzuleiten. Ein beteiligungsfähiger Betriebsrat existiert in diesem Fall nicht. Das – einzige – Betriebsratsmitglied kann wegen rechtlicher Verhinderung iSv § 25 Abs. 1 S. 2 BetrVG aufgrund seiner Selbstbetroffenheit nicht beteiligt werden (BAG 25.4.2018 – 2 AZR 401/17).

170. Wie verhält es sich mit der Zwei-Wochen-Frist gem. § 626 BGB bei einer außerordentlichen Kündigung gegenüber einem Betriebsratsmitglied?

Die Zwei-Wochenfrist gem. § 626 Abs. 2 BGB (→ *Frage 97: Besteht für den Arbeitgeber eine Frist, innerhalb derer er eine außerordentliche Kündigung aussprechen muss?*) ist vom Arbeitgeber insoweit einzuhalten, dass er das Zustimmungsverfahren gem. § 103 BetrVG innerhalb der Zwei-Wochen-Frist durchführen muss. Erteilt der Betriebsrat die Zustimmung innerhalb der **Zwei-Wochen-Frist,** kann der Arbeitgeber die Kündigung noch rechtzeitig aussprechen. Ansonsten muss der Arbeitgeber dem Betriebsrat zumindest **drei Tage Zeit** einräumen, um über die Zustimmung zu entscheiden. Dieser Zeitraum muss also innerhalb der Zwei-Wochen-Frist liegen. Verweigert der Betriebsrat seine Zustimmung oder äußert er sich nicht innerhalb von drei Tagen, muss der Arbeitgeber innerhalb der Zwei-Wochen-Frist noch das arbeitsgerichtliche Verfahren zur Ersetzung der Zustimmung einleiten. Es ist nicht erforderlich und praktisch auch nicht erreichbar, dass dieses Verfahren innerhalb der Zwei-Wochen-Frist abgeschlossen wird (Fitting BetrVG § 103 Rn. 33).

171. Gilt der Schutz vor ordentlichen Kündigungen auch für Ersatzmitglieder?

Ersatzmitglieder können ebenfalls geschützt sein. Allerdings sind insgesamt fünf Zeiträume zu unterscheiden. Der **erste Zeitraum** betrifft den Zeitraum nach der Wahl des Betriebsrats. In den ersten sechs Monaten nach Bekanntgabe des Wahlergebnisses sind die Ersatzmitglieder gem. § 15 Abs. 3 KSchG als Wahlbewerber vor ordentlichen Kündigungen im gleichen Umfang wie ein ordentliches Betriebsratsmitglied geschützt. Der **zweite Zeitraum** beginnt nach Ablauf der sechs Monate und endet mit dem ersten Nachrücken in den Betriebsrat aufgrund einer Verhinderung eines ordentlichen Betriebsratsmitglieds gem. § 25 Abs. 1 BetrVG. In diesem Zeitraum hat das Ersatzmitglied keinen besonderen Kündigungsschutz gem. § 15 KSchG. Es darf allerdings nicht zu einer Benachteiligung aufgrund der Eigenschaft als Ersatzmitglied bzw. der Aufstellung als Wahlbewerber kommen. Eine deswegen ausgesprochene Kündigung wäre wegen eines Verstoßes gem. § 78 Abs. 1 BetrVG unwirksam. Mit dem Eintreten in den Betriebsrat aufgrund einer Verhinderung gem. § 25 Abs. 1 BetrVG beginnt der **dritte Zeitraum.** Für diesen gilt der besondere Kündigungsschutz vor ordentlichen Kündigungen gem. § 15 Abs. 1 KSchG. Dies gilt unabhängig davon, ob das Ersatzmitglied während der Vertretungszeit tatsächlich Betriebsratsaufgaben erledigt (BAG 8.9.2011 – 2 AZR 388/10). Nach Ende der Verhinderung gem. § 25 Abs. 1 BetrVG beginnt schließlich der **vierte Zeitraum.** Dieser beträgt ein Jahr und sieht einen nachwirkenden Kündigungsschutz vor ordentlichen Kündigungen gem. § 15 Abs. 1 KSchG vor. Voraussetzung hierfür ist nach der Rechtsprechung des BAG allerdings, dass das Ersatzmitglied in der Vertretungszeit konkrete Betriebsratsaufgaben tatsächlich wahrgenommen hat (BAG 19.4.2012 – 2 AZR 233/11). Kommt es innerhalb des Jahres nicht wieder zu einem Verhinderungsfall, beginnt nach Ablauf des einen Jahres der **fünfte Zeitraum.** In diesem hat das Ersatzmitglied wie im zweiten Zeitraum keinen besonderen Kündigungsschutz.

→ *Muster 14: Übersicht Sonderkündigungsschutz Ersatzmitglied*

172. Ist es erforderlich, dass das Ersatzmitglied an einer Betriebsratssitzung teilgenommen hat, um den nachwirkenden Kündigungsschutz gem. § 15 Abs. 1 KSchG zu erhalten?

Nein, denn nach der Rechtsprechung des BAG ist zwar erforderlich, dass das Ersatzmitglied in der Vertretungszeit konkrete Betriebsratsaufgaben tatsächlich wahrgenommen hat. Nicht erforderlich ist aber, dass es auch an einer **Betriebsratssitzung** teilgenommen hat (BAG 19.4.2012 – 2 AZR 233/11). Insoweit wäre es ausreichend, wenn das Ersatzmitglied sich während des Vertretungszeitraums im Betriebsratsbüro über aktuelle Aufgabenstellungen des Betriebsrats informiert oder sich auf eine Sitzung vorbereitet hat.

173. Gilt der Schutz vor außerordentlichen Kündigungen gem. § 103 Abs. 1 BetrVG auch für Ersatzmitglieder?

§ 103 Abs. 1 BetrVG sieht vor, dass die außerordentliche Kündigung eines Betriebsratsmitglieds der Zustimmung des Betriebsrats bedarf (→ *Frage 166: Wie ist der Kündigungsschutz bei außerordentlichen Kündigungen ausgestaltet?*). Diesen Kündigungsschutz genießt das Ersatzmitglied während eines **Vertretungsfalls,** wenn es für ein ordentliches Betriebsratsmitglied gem. § 25 Abs. 1 BetrVG zeitweilig nachrückt. Nach Ende der Verhinderungssituation endet der Schutz gem. § 103 Abs. 1 BetrVG. Anders als bei § 15 Abs. 1 KSchG sieht das Gesetz **keinen nachwirkenden Schutz** vor außerordentlichen Kündigungen vor (BAG 27.9.2012 – 2 AZR 955/11).

XVI. Kündigungsschutz im Zusammenhang mit einer Betriebsratswahl

In § 103 BetrVG und § 15 KSchG finden sich neben den Kündigungsschutzregelungen für Betriebsräte auch Schutznormen **für Arbeitnehmer, die an der Vorbereitung und Durchführung einer Betriebsratswahl beteiligt sind,** sowie für die **Bewerber für den Betriebsrat.** Hier hat der Gesetzgeber den Kündigungsschutz durch das im Juni 2021 in Kraft getretene Betriebsrätemodernisierungsgesetz weiter verbessert.

174. Welche Personen sind im Zusammenhang mit einer Betriebsratswahl vor Kündigungen geschützt?

Der Gesetzgeber hat durch das Betriebsrätemodernisierungsgesetz dafür gesorgt, dass Arbeitnehmer, die **Vorbereitungshandlungen** für eine Betriebsratswahl ergreifen, bereits zu diesem Zeitpunkt vor Kündigungen geschützt sind (→ *Frage 175: Unter welchen Voraussetzungen ist ein Wahl-Vorbereitender vor Kündigungen geschützt?* ff.). Für Arbeitnehmer, die zu einer **Wahlversammlung zur Bestellung eines Wahlvorstands einladen,** wurde der Kündigungsschutz ebenfalls verbessert (→ *Frage 177: Wann beginnt und wann endet der Kündigungsschutz für den Wahl-Vorbereitenden?* ff.). Schon bisher waren die **Mitglieder eines Wahlvorstands** (→ *Frage 179: Wie ist der Kündigungsschutz für die Einladenden zu einer Betriebsversammlung für die Bestellung eines Wahlvorstands ausgestaltet?* ff.) sowie die **Bewerber für eine Betriebsratswahl** vor Kündigungen besonders geschützt (→ *Frage 183: Wann beginnt und wann endet der Schutz für die Mitglieder des Wahlvorstands?* ff.).

175. Unter welchen Voraussetzungen ist ein Wahl-Vorbereitender vor Kündigungen geschützt?

Bereits derjenige, der **Vorbereitungshandlungen** zur Errichtung eines Betriebsrats unternimmt, ist gem. § 15 Abs. 3b KSchG vor Kündigungen geschützt. Unter einer Vorbereitungshandlung soll laut Gesetzesbegründung jedes Verhalten verstanden werden, das für Dritte erkennbar zur **Vorbereitung einer Betriebsratswahl geeignet** ist (zB Gespräche mit anderen Arbeitnehmern, um die Unterstützung für eine Betriebsratsgründung zu ermitteln oder weitere Schritte zu planen). Der Begriff der Vorbereitungshandlungen ist weit auszulegen. Die Handlung muss nicht geeignet sein, durch den Arbeitgeber zur Kenntnis genommen zu werden. Dies ergibt sich daraus, dass nach der Gesetzesbegründung auch ein Gespräch mit der Gewerkschaft genügt.

Der Kündigungsschutz setzt jedoch weiter voraus, dass eine **öffentlich beglaubigte Absichtserklärung zur Errichtung eines Betriebsrats** vorliegt. Diese Absichtserklärung kann von dem Arbeitnehmer selbst verfasst werden. Die Absichtserklärung soll folgende Angaben enthalten: Name, Geburtsdatum und Adresse des Arbeitnehmers, die möglichst konkrete Bezeichnung des Unternehmens und dessen Betrieb, in dem der Arbeitnehmer die Betriebsratsgründung anstrebt, sowie die Erklärung der Absicht hierzu. Die Absichtserklärung kann vor Aufnahme von Vorbereitungshandlungen oder danach erstellt werden. Für den Kündigungsschutz kommt es nicht darauf an, in welcher Reihenfolge die beiden Voraussetzungen erfüllt werden. Sind bereits Vorbereitungshandlungen erfolgt, können diese auch in der Absichtserklärung erwähnt werden. Die Erklärung muss dann gem. § 129 BGB von einem Notar beglaubigt werden.

Formulierungsmuster

„Hiermit erkläre ich, ... (Name), geboren am ...... (Datum) und wohnhaft in ...... (Adresse), dass ich im Betrieb ...... (Bezeichnung) in ...... (Adresse) der ...... (Name des Unternehmens) die Absicht habe, einen Betriebsrat zu errichten. Hierfür habe ich bereits folgende Vorbereitungshandlungen durchgeführt:

Gespräch mit dem zuständigen Gewerkschaftssekretär am ...... (Beispiel)

Gespräch mit den Kollegen XY über die Einladung der Belegschaft zu einer Wahlversammlung zur Bestellung eines Wahlvorstands (Beispiel)“

176. Wie ist der Kündigungsschutz für Wahl-Vorbereitende ausgestaltet?

Ein Arbeitnehmer, der Vorbereitungshandlungen zur Errichtung eines Betriebsrats unternimmt, ist in dieser Zeit vor **verhaltensbedingten und personenbedingten ordentlichen Kündigungen** geschützt. Der Kündigungsschutz unterscheidet sich also von dem Kündigungsschutz eines Betriebsratsmitglieds, da weder die außerordentliche Kündigung gem. § 103 BetrVG einer Zustimmung des Betriebsrats bedarf, noch die betriebsbedingte Kündigung ausgeschlossen ist (→ *Frage 164: Ist ein Betriebsratsmitglied vor jeder Kündigung geschützt?* ff.).

177. Wann beginnt und wann endet der Kündigungsschutz für den Wahl-Vorbereitenden?

Zeitlich beginnt der Kündigungsschutz mit der **Beglaubigung der Unterschrift** unter der Absichtserklärung (→ *Frage 175: Unter welchen Voraussetzungen ist ein Wahl-Vorbereitender vor Kündigungen geschützt?*). Er endet mit dem Zeitpunkt der Einladung zu einer Betriebs- oder Wahlversammlung nach § 17 Abs. 3, § 17a Nr. 3 S. 2 BetrVG, spätestens jedoch drei Monate nach dem Zeitpunkt der Beglaubigung. Ein nachwirkender Kündigungsschutz ist nicht vorgesehen.

178. Unter welchen Voraussetzungen sind die Einladenden zu einer Betriebsversammlung für die Bestellung eines Wahlvorstands vor Kündigungen geschützt?

Die Arbeitnehmer, die zu einer **Betriebs- oder Wahlversammlung zur Wahl eines Wahlvorstands** einladen oder die eine **gerichtliche Bestellung eines Wahlvorstands** beantragen, genießen gem. § 15 Abs. 3a KSchG besonderen Kündigungsschutz.

179. Wie ist der Kündigungsschutz für die Einladenden zu einer Betriebsversammlung für die Bestellung eines Wahlvorstands ausgestaltet?

Der besondere Kündigungsschutz schützt vor dem Ausspruch einer **ordentlichen Kündigung.** Dabei gilt der Kündigungsschutz für die ersten sechs in der **Einladung** zu der Wahlversammlung oder die ersten drei in der **gerichtlichen Antragstellung** aufgeführten Arbeitnehmer. Der Gesetzgeber hat durch das Betriebsrätemodernisierungsgesetz die Zahl der geschützten Arbeitnehmer im Zusammenhang mit einer **Betriebs- oder Wahlversammlung** von drei auf sechs erhöht. So soll vermieden werden, dass die **Betriebs- oder Wahlversammlung** nicht stattfinden kann, weil einzelne Arbeitnehmer durch Einschüchterung von ihrer Absicht abgebracht werden, einen Betriebsrat zu gründen. Denn oftmals stellen die drei Initiatoren auch den dreiköpfigen Wahlvorstand. Erkrankt eine dieser Personen oder gibt sie ihr Engagement auf, so besteht die Gefahr, dass die Betriebsratswahl mangels einer ausreichenden Anzahl von Wahlvorstandsmitgliedern zunächst nicht erfolgreich durchgeführt werden kann. Durch die **Erhöhung der Anzahl von geschützten Arbeitnehmern** sollen Arbeitnehmer motiviert werden, sich offen für die Betriebsratswahl zu engagieren und sich bei Bedarf auch als Wahlvorstand zur Wahl zu stellen.

Ein **Schutz vor außerordentlichen Kündigungen** besteht für den Personenkreis iSv § 15 Abs. 3a KSchG nicht. Der Kündigungsschutz unterscheidet sich also von dem Kündigungsschutz eines Betriebsratsmitglieds, da die außerordentliche Kündigung gem. § 103 BetrVG keiner Zustimmung des Betriebsrats bedarf (→ *Frage 164: Ist ein Betriebsratsmitglied vor jeder Kündigung geschützt?* ff.).

180. Wann beginnt und wann endet der Schutz für die Einladenden zu einer Betriebsversammlung für die Bestellung eines Wahlvorstands?

Gem. § 15 Abs. 3a KSchG beginnt der Schutz vom Zeitpunkt der Einladung oder Antragstellung an und endet mit Bekanntgabe des Wahlergebnisses der Betriebsratswahl. Wird kein Betriebsrat gewählt, besteht der Kündigungsschutz vom Zeitpunkt der Einladung oder Antragstellung an für drei Monate. Ein nachwirkender Kündigungsschutz ist nicht vorgesehen.

181. Unter welchen Voraussetzungen sind die Mitglieder des Wahlvorstands vor Kündigungen geschützt?

Für die **Mitglieder des Wahlvorstands** besteht ein **Sonderkündigungsschutz** gem. § 15 Abs. 3 KSchG. **Bewerber für das Amt des Wahlvorstands** sind allein durch die Kandidatur für den Wahlvorstand allerdings noch **nicht geschützt;** bis zur Bestellung in den Wahlvorstand besteht für diese Bewerber kein Kündigungsschutz. Anders ist dies nur dann, wenn sie eine Wahl initiiert oder vorbereitet haben (→ *Frage 175: Unter welchen Voraussetzungen ist ein Wahl-Vorbereitender vor Kündigungen geschützt?* ff.).

182. Wie ist der Kündigungsschutz für die Mitglieder des Wahlvorstands ausgestaltet?

Der Kündigungsschutz besteht dahin gehend, dass der Ausspruch einer ordentlichen Kündigung nicht möglich ist und der Ausspruch einer außerordentlichen Kündigung nur mit Zustimmung des Betriebsrats gem. § 103 BetrVG erfolgen kann. Der Schutz vor Kündigungen ist also ausgestaltet wie der Kündigungsschutz für ein Betriebsratsmitglied (→ *Frage 164: Ist ein Betriebsratsmitglied vor jeder Kündigung geschützt?* ff.).

183. Wann beginnt und wann endet der Schutz für die Mitglieder des Wahlvorstands?

Der Sonderkündigungsschutz für Mitglieder des Wahlvorstands beginnt im **Zeitpunkt der Bestellung zum Wahlvorstandsmitglied.** Spätestens zehn Wochen vor Ablauf seiner Amtszeit bestellt der Betriebsrat einen aus drei Wahlberechtigten bestehenden Wahlvorstand und einen von ihnen als Vorsitzenden (§ 16 Abs. 1 S. 1 BetrVG). Besteht acht Wochen vor Ablauf der Amtszeit des Betriebsrats kein Wahlvorstand, so bestellt ihn das Arbeitsgericht auf Antrag von mindestens drei Wahlberechtigten oder einer im Betrieb vertretenen Gewerkschaft (§ 16 Abs. 2 S. 1 Hs. 1 BetrVG).

Dort, wo noch kein Betriebsrat besteht, kann ein Wahlvorstand auch in einer Betriebsversammlung von der Mehrheit der anwesenden Arbeitnehmer gewählt werden (→ *Frage 178: Unter welchen Voraussetzungen sind die Einladenden zu einer Betriebsversammlung für die Bestellung eines Wahlvorstands vor Kündigungen geschützt?*). Diese Wahl gilt auch als Bestellung und begründet den Sonderkündigungsschutz. Wählt die Betriebsversammlung keinen Wahlvorstand, so bestellt ihn nach § 17 Abs. 4 BetrVG das Arbeitsgericht auf Antrag von mindestens drei wahlberechtigten Arbeitnehmern oder einer im Betrieb vertretenen Gewerkschaft. Der besondere Kündigungsschutz beginnt in diesem Falle mit der Verkündung des Einsetzungsbeschlusses.

Der Kündigungsschutz für Mitglieder des Wahlvorstands **endet** mit der **Bekanntgabe des Wahlergebnisses** der Betriebsratswahl. Zusätzlich haben die Mitglieder des Wahlvorstands innerhalb von sechs Monaten nach Bekanntgabe des Wahlergebnisses einen **nachwirkenden Kündigungsschutz** nach § 15 Abs. 3 S. 2 KSchG bzgl. ordentlicher Kündigungen. Der Kündigungsschutz unterscheidet sich also von dem Kündigungsschutz eines Betriebsratsmitglieds hinsichtlich der Dauer des nachwirkenden Kündigungsschutzes (→ *Frage 165: Wie ist der Kündigungsschutz bei ordentlichen Kündigungen ausgestaltet?*).

184. Unter welchen Voraussetzungen sind Bewerber einer Betriebsratswahl vor Kündigungen geschützt?

Für die Wahlbewerber einer Betriebsratswahl besteht ein **Sonderkündigungsschutz** gem. § 15 Abs. 3 KSchG. Der Sonderkündigungsschutz setzt voraus, dass der Kandidat auf einem **wirksam unterzeichneten Wahlvorschlag** benannt ist, er seiner **Kandidatur zugestimmt** hat und der Vorschlag die **erforderliche Anzahl an Stützunterschriften** (§ 14 Abs. 4 BetrVG) aufweist. Eine Einreichung des Vorschlags beim Wahlvorstand ist nach Ansicht des BAG keine Voraussetzung für den besonderen Kündigungsschutz; der Schutz greift bereits bei Vorliegen der erstgenannten Voraussetzungen (BAG 7.7.2011 – 2 AZR 377/10).

185. Wie ist der Kündigungsschutz für Bewerber einer Betriebsratswahl ausgestaltet?

Für die Wahlbewerber einer Betriebsratswahl besteht der **Sonderkündigungsschutz** dahin gehend, dass der Ausspruch einer **ordentlichen Kündigung** nicht möglich ist. Zudem kann gem. § 103 BetrVG der Ausspruch einer **außerordentlichen Kündigung** nur mit Zustimmung des Betriebsrats erfolgen. Der Schutz vor Kündigungen ist also ausgestaltet wie der Schutz für ein Betriebsratsmitglied (→

Frage 164: Ist ein Betriebsratsmitglied vor jeder Kündigung geschützt?).

186. Wann beginnt und wann endet der Schutz für Bewerber einer Betriebsratswahl?

Der **Sonderkündigungsschutz** für Wahlbewerber besteht bzgl. der ordentlichen Kündigungen **vom Zeitpunkt der Aufstellung des Wahlvorschlags** an bis zur **Bekanntgabe des Wahlergebnisses** (§ 15 Abs. 3 S. 1 KSchG). Im gleichen Zeitraum ist der Wahlbewerber gem. § 103 Abs. 1 BetrVG vor außerordentlichen Kündigungen geschützt (Fitting BetrVG § 103 Rn. 10a). Zusätzlich haben die Wahlbewerber innerhalb von sechs Monaten nach Bekanntgabe des Wahlergebnisses einen **nachwirkenden Kündigungsschutz** nach § 15 Abs. 3 S. 2 KSchG bzgl. ordentlicher Kündigungen. Der Kündigungsschutz unterscheidet sich also von dem Kündigungsschutz eines Betriebsratsmitglieds hinsichtlich der Dauer des nachwirkenden Kündigungsschutzes (→ *Frage 165: Wie ist der Kündigungsschutz bei ordentlichen Kündigungen ausgestaltet?*).

XVII. Sonderkündigungsschutz

Neben dem Sonderkündigungsschutz für Betriebsräte gibt es eine Vielzahl von Kündigungsschutzregelungen für verschiedene, aus Sicht des Gesetzgebers schützenswerte Personen (zB Schwangere, Schwerbehinderte). Auf diese Regelungen wird in den nachfolgenden Fragen und Antworten eingegangen.

187. Wo finden sich Regelungen zum Sonderkündigungsschutz?

Es gibt Regelungen, die das Recht des Arbeitgebers zum Ausspruch von Kündigungen in **Gesetzen, Tarifverträgen** (zB ab Erreichen eines bestimmten Alters und einer gewissen Betriebszugehörigkeit), **Betriebsvereinbarungen** und teilweise auch in **Arbeitsverträgen** einschränken.

Formulierungsmuster

„Arbeitnehmer, die das 55. Lebensjahr vollendet haben und dem Betrieb mehr als 15 Jahre angehören, sind ordentlich nicht kündbar."

188. Welche gesetzlichen Regelungen zum Sonderkündigungsschutz gibt es?

Es gibt unzählige gesetzliche Regelungen zum Sonderkündigungsschutz. In der Praxis spielen insbesondere der Kündigungsschutz für **Schwerbehinderte** gem. § 168 SGB IX (→ *Frage 191: Welchen Sonderkündigungsschutz genießen Schwerbehinderte?*), für **Schwangere** gem. § 17 MuSchG (→ *Frage 189: Welchen Sonderkündigungsschutz genießen Schwangere?*), für **Datenschutzbeauftragte** gem. § 38 Abs. 2 iVm § 4 Abs. 6 BDSG und im Rahmen der **Pflegezeit** gem. § 5 PflegeZG sowie im Rahmen der **Elternzeit** gem. § 18 BEEG (→ *Frage 190: Welchen Sonderkündigungsschutz genießen Arbeitnehmer in Elternzeit?*) eine Rolle.

189. Welchen Sonderkündigungsschutz genießen Schwangere?

Schwangere genießen einen Sonderkündigungsschutz gem. § 17 MuSchG. Dieser besteht während der Schwangerschaft und bis zum Ablauf von vier Monaten nach der Entbindung. Voraussetzung ist allerdings, dass die Schwangerschaft dem Arbeitgeber zur Zeit der Kündigung bekannt war oder sie ihm innerhalb von zwei Wochen nach Zugang der Kündigung mitgeteilt wird. In Ausnahmefällen kann sich der Arbeitgeber von dem Kündigungsschutz gem. § 17 Abs. 2 MuSchG durch **behördliche Zustimmung** befreien lassen, zB bei einer Betriebsstilllegung (BAG 26.3.2015 – 2 AZR 237/14).

190. Welchen Sonderkündigungsschutz genießen Arbeitnehmer in Elternzeit?

Arbeitnehmer, die **Elternzeit** beantragt haben oder sich in Elternzeit befinden, genießen einen Sonderkündigungsschutz gem. § 18 Abs. 1 BEEG. Der Kündigungsschutz beginnt frühestens acht Wochen vor Beginn einer Elternzeit bis zum vollendeten dritten Lebensjahr des Kindes und frühestens 14 Wochen vor Beginn einer Elternzeit zwischen dem dritten Geburtstag und dem vollendeten achten Lebensjahr des Kindes. Er endet mit dem Ende der Elternzeit. In Ausnahmefällen kann sich der Arbeitgeber von dem Kündigungsschutz gem. § 18 Abs. 1 S. 4 BEEG durch **behördliche Zustimmung** befreien lassen, zB bei einer Betriebsstilllegung.

191. Welchen Sonderkündigungsschutz genießen Schwerbehinderte?

Gem. § 168 SGB IX bedarf die Kündigung des Arbeitsverhältnisses eines schwerbehinderten Menschen durch den Arbeitgeber der **vorherigen Zustimmung des Integrationsamtes.** Das Zustimmungserfordernis gilt gem. § 151 Abs. 1, 3, § 2 Abs. 3 SGB IX auch für das Arbeitsverhältnis eines Arbeitnehmers, der einem schwerbehinderten Menschen gleichgestellt ist. Das Zustimmungserfordernis gilt sowohl für ordentliche als auch für außerordentliche Kündigungen (BAG 23.1.2014 – 2 AZR 372/13; Fitting BetrVG § 102 Rn. 61 ff.). Ausgenommen sind allerdings gem. § 173 Abs. 1 S. 1 Nr. 1 SGB IX Wartezeitkündigungen gem. § 1 Abs. 1 KSchG. Bei der Kündigung eines Schwerbehinderten ist neben dem Betriebsrat zusätzlich die **Schwerbehindertenvertretung zu beteiligen.** Dies gilt auch für eine Wartezeitkündigung gem. § 1 Abs. 1 KSchG (BAG 13.12.2018 – 2 AZR 378/18). Erfolgt diese Beteiligung nicht ordnungsgemäß, ist die Kündigung gem. § 134 BGB iVm § 178 Abs. 2 S. 3 SGB IX unwirksam. Die Anhörung der Schwerbehindertenvertretung muss nicht schon vor der Beteiligung des Betriebsrats oder vor dem Antrag auf Zustimmung an das Integrationsamt erfolgen. An einer ordnungsgemäßen Anhörung der Schwerbehindertenvertretung fehlt es, wenn diese schon nicht ausreichend unterrichtet worden ist. Die Unterrichtung muss die Schwerbehindertenvertretung in die Lage versetzen, auf die Willensbildung des Arbeitgebers einzuwirken. Es gelten die **gleichen Grundsätze wie für die Unterrichtung des Betriebsrats** nach § 102 Abs. 1 BetrVG. An einer ordnungsgemäßen Anhörung der Schwerbehindertenvertretung mangelt es auch, wenn diese zwar ausreichend unterrichtet worden ist, aber keine genügende Gelegenheit zur Stellungnahme hatte. Hinsichtlich der Stellungnahmefristen findet § 102 Abs. 2 BetrVG analoge Anwendung (BAG 13.12.2018 – 2 AZR 378/18).

192. Was ist der Prüfmaßstab für das Integrationsamt?

Das Integrationsamt nimmt **keine vollständige Prüfung** vor, ob die Kündigung arbeitsrechtlich zulässig ist. Diese Aufgabe steht allein dem Arbeitsgericht zu. Allerdings prüft das Integrationsamt im Rahmen des Zustimmungsverfahrens gem. § 168 SGB IX, ob der betroffene Arbeitnehmer aufgrund seiner Eigenschaft als schwerbehinderter Arbeitnehmer gekündigt wird bzw. er gegenüber gesunden Arbeitnehmern ins Hintertreffen gerät. Die Ermessensentscheidung, ob der Kündigung eines Schwerbehinderten zuzustimmen ist, erfordert deshalb eine **Abwägung** des Interesses des Arbeitgebers an der Erhaltung seiner Gestaltungsmöglichkeiten gegen das Interesse des schwerbehinderten Arbeitnehmers an der Erhaltung seines Arbeitsplatzes. In § 172 SGB IX hat der Gesetzgeber Ermessenseinschränkungen definiert, sodass zum Beispiel im Fall der **Einstellung eines Betriebs** die Zustimmung zu gewähren ist (BVerwG 12.7.2012 – 5 C 16.11; BVerwG 31.7.2007 – 5 B 81.06).

193. Wie wird der Betriebsrat im Zustimmungsverfahren zur Kündigung eines Schwerbehinderten beteiligt?

Gem. § 170 Abs. 2 SGB IX holt das Integrationsamt vom Betriebsrat eine **Stellungnahme** ein, wenn der Arbeitgeber einen Antrag auf Zustimmung zur Kündigung stellt. Voraussetzung für die Entscheidung des Integrationsamtes ist hingegen nicht, dass der Betriebsrat sich auch tatsächlich zur Sache äußert. Wenn das Integrationsamt keine Stellungnahme erhält, kann es dennoch entscheiden (VG Ansbach 15.12.2005 – AN 14 K 5.01462).

XVIII. Massenentlassungsanzeige

Bei einem größeren Personalabbau kann für den Arbeitgeber die Verpflichtung bestehen, eine sog. Massenentlassungsanzeige zu erstatten. Nach dem in § 17 KSchG geregelten Verfahren spielt dabei auch der Betriebsrat eine entscheidende Rolle. Insoweit sollen nachfolgend die wichtigsten Fragen zum Thema Massenentlassungsanzeige aus Sicht des Betriebsrats behandelt werden.

194. Was ist eine Massenentlassungsanzeige?

In § 17 Abs. 1 KSchG ist geregelt, dass der Arbeitgeber bei Erreichen einer bestimmten Anzahl von Entlassungen (sog. **Massenentlassung**) gegenüber der Agentur für Arbeit eine Anzeige abgeben muss. Dabei wird die zu erreichende Zahl je nach Betriebsgröße ermittelt, sodass in Betrieben mit in der Regel mehr als 20 und weniger als 60 Arbeitnehmern mehr als 5 Arbeitnehmer entlassen werden müssen. In Betrieben mit in der Regel mindestens 60 und weniger als 500 Arbeitnehmern müssen 10% entlassen werden und in den noch größeren Betrieben müssen mindestens 30 Arbeitnehmer entlassen werden. Dabei müssen die Entlassungen allerdings zusätzlich innerhalb von **30 Kalendertagen** erfolgen, damit eine anzeigepflichtige Massenentlassung vorliegt.

Praxistipp

Sind die Schwellenwerte gem. § 17 Abs. 1 KSchG erreicht, handelt es sich bei dem Personalabbau des Arbeitgebers um eine Betriebsänderung gem. § 111 Abs. 1 Nr. 1 BetrVG. Insoweit ist ein Interessenausgleich zu versuchen und regelmäßig auch ein Sozialplan abzuschließen (→ Interessenausgleich und Sozialplan / Frage 18: Wann wird über einen Interessenausgleich verhandelt bzw. ein solcher abgeschlossen?).

195. Was ist eine Entlassung iSd § 17 Abs. 1 KSchG?

Zu den Entlassungen zählen **Kündigungen** durch den Arbeitgeber. Dazu gehören auch **Änderungskündigungen,** selbst wenn diese nicht immer zu einer Beendigung des Arbeitsverhältnisses führen (BAG 20.2.2014 – 2 AZR 346/12) (→ *Frage 106: Wie kann der Arbeitnehmer auf eine Änderungskündigung reagieren?*). Vom Arbeitgeber veranlasste **Aufhebungsverträge** sind ebenfalls Entlassungen iSv § 17 Abs. 1 KSchG (→ *Frage 152: Was ist ein Aufhebungsvertrag?*). **Arbeitnehmerkündigungen** sind dann mitzuzählen, wenn diese auf Veranlassung des Arbeitgebers erfolgen, zB weil die Arbeitnehmer einer ansonsten erforderlichen betriebsbedingten Arbeitgeberkündigung zuvorgekommen sind (BAG 28.6.2012 – 6 AZR 780/10). Nicht berücksichtigt werden gem. § 17 Abs. 4 KSchG **fristlose Kündigungen.**

196. Wie wird der Betriebsrat im Rahmen einer Massenentlassungsanzeige beteiligt?

Der Arbeitgeber hat den Betriebsrat gem. § 17 Abs. 2 S. 1 KSchG über die **Gründe** für die geplanten Entlassungen, die **Zahl und die Berufsgruppen** der zu entlassenden Arbeitnehmer, die Zahl und die Berufsgruppen der in der Regel beschäftigten Arbeitnehmer, den maßgeblichen **Zeitraum** und die vorgesehenen **Kriterien für die Auswahl** der zu entlassenden Arbeitnehmer sowie für die Berechnung etwaiger Abfindungen schriftlich zu unterrichten. Gem. § 17 Abs. 2 S. 2 KSchG muss der Arbeitgeber mit dem Betriebsrat die Möglichkeiten beraten, Entlassungen zu vermeiden oder einzuschränken und ihre Folgen abzumildern. Die **Pflicht zur Beratung** iSv § 17 Abs. 2 S. 2 KSchG geht dabei über eine bloße Anhörung deutlich hinaus. Der Arbeitgeber hat mit dem Betriebsrat über die Entlassungen bzw. die Möglichkeiten ihrer Vermeidung ernstlich zu verhandeln und ihm dies zumindest anzubieten (BAG 26.2.2015 – 2 AZR 955/13). Häufig wird die Verpflichtung zur Beteiligung gem. § 17 Abs. 2 KSchG im Rahmen von Verhandlungen über einen **Interessenausgleich** erfüllt (Fitting BetrVG § 111 Rn. 135) (→ *Interessenausgleich und Sozialplan / Frage 99: Muss der Betriebsrat trotz Interessenausgleichs bei einer Massenentlassung beteiligt werden?*). Ist die Beratung gem. § 17 Abs. 2 KSchG abgeschlossen und gibt der Arbeitgeber die Anzeige ab, so hat er dem Betriebsrat gem. § 17 Abs. 3 S. 5 und 6 KSchG eine Abschrift zuzuleiten. Der Betriebsrat kann dann gegenüber der Agentur für Arbeit weitere Stellungnahmen abgeben, von denen er dem Arbeitgeber eine Abschrift zuzuleiten hat.

197. Was ist Inhalt einer Massenentlassungsanzeige?

In § 17 Abs. 3 KSchG ist detailliert geregelt, was Inhalt einer Massenentlassungsanzeige ist. Insbesondere gehört dazu in der Regel eine **Beifügung der Stellungnahme** des Betriebsrats. In der Anzeige sollen ferner im Einvernehmen mit dem Betriebsrat für die Arbeitsvermittlung Angaben über Geschlecht, Alter, Beruf und Staatsangehörigkeit der zu entlassenden Arbeitnehmer gemacht werden.

Praxistipp

Auf der Internetseite der Agentur für Arbeit sind u. a. Formulare für Massenentlassungsanzeigen gem. § 17 KSchG abrufbar, sodass sich der Betriebsrat auch dort über deren Inhalt informieren kann.

198. Welche Folge hat es, wenn der Arbeitgeber Fehler im Verfahren zur Massenentlassungsanzeige macht?

Das Fehlen einer wirksamen Massenentlassungsanzeige führt zur **Unwirksamkeit der Kündigung.** Eine Massenentlassungsanzeige ist u. a. unwirksam, wenn ihr entgegen § 17 Abs. 3 S. 2 KSchG keine Stellungnahme des Betriebsrats beigefügt ist und auch die Voraussetzungen des § 17 Abs. 3 S. 3 KSchG nicht erfüllt sind (BAG 26.2.2015 – 2 AZR 955/13; BAG 22.11.2012 – 2 AZR 371/11; Fitting BetrVG § 111 Rn. 103c, 103e). Keine Unwirksamkeit liegt aber vor, wenn der Arbeitgeber dem Betriebsrat entgegen § 17 Abs. 3 S. 6 KSchG keine **Abschrift** der gegenüber der Agentur für Arbeit erstatteten Massenentlassungsanzeige zuleitet. Die Vorschrift dient lediglich der **Information des Betriebsrats** (BAG 8.11.2022 – 6 AZR 15/22).

XIX. Gerichtliches Verfahren

Wird eine Kündigung ausgesprochen, kommt es regelmäßig zu einem sog. Kündigungsschutzverfahren, wenn der Arbeitnehmer gegen die Kündigung klagen will. Nachfolgend soll anhand einiger ausgewählter Fragen erläutert werden, was der Betriebsrat und die gekündigten Arbeitnehmer hierbei zu beachten haben.

199. Was muss der Arbeitnehmer machen, wenn ihm eine Kündigung zugegangen ist?

Will der Arbeitnehmer nicht gegen die Kündigung vorgehen, so muss er nichts machen. Die Kündigung ist eine **einseitige Willenserklärung** des Arbeitgebers. Der Arbeitnehmer muss die Kündigung daher nicht durch eine **eigene Willenserklärung** bestätigen (→ *Frage 18: Muss der Arbeitnehmer eine Kündigung nach deren Erhalt unterschreiben?*). Will der Arbeitnehmer die Kündigung nicht akzeptieren, so muss er arbeitsgerichtlich gegen die Kündigung vorgehen. Er muss innerhalb der gesetzlich vorgeschriebenen Frist (→ *Frage 201: In welcher Frist muss der Arbeitnehmer nach Zugang einer Kündigung eine Kündigungsschutzklage einreichen?*) eine Klage auf Feststellung erheben, dass das Arbeitsverhältnis durch die Kündigung nicht aufgelöst ist.

200. Was kann der Betriebsrat machen, wenn er nicht ordnungsgemäß gem. § 102 BetrVG beteiligt wurde?

Der Betriebsrat kann ein **arbeitsgerichtliches Beschlussverfahren** einleiten, wenn er entgegen § 102 BetrVG nicht ordnungsgemäß beteiligt wurde (vgl. BAG 28.6.2005 – 1 ABR 25/04). Zu beachten ist allerdings, dass mit einem solchen Verfahren nicht die Unwirksamkeit einer Kündigung festgestellt werden kann. Eine solche Feststellung (sog. Kündigungsschutzklage) kann nur der Arbeitnehmer selbst arbeitsgerichtlich verfolgen (→ *Frage 199: Was muss der Arbeitnehmer machen, wenn ihm eine Kündigung zugegangen ist?*).

→ *Muster 17: Übersicht Streitigkeiten*

201. In welcher Frist muss der Arbeitnehmer nach Zugang einer Kündigung eine Kündigungsschutzklage einreichen?

Gem. § 4 KSchG muss der Arbeitnehmer binnen drei Wochen nach Zugang der Kündigung beim Arbeitsgericht eine Klage auf Feststellung erheben, dass das Arbeitsverhältnis durch die Kündigung nicht aufgelöst ist (sog. Kündigungsschutzklage). Die **Drei-Wochen-Frist** gilt ebenfalls für die Feststellung, dass die Änderung der Arbeitsbedingungen rechtsunwirksam ist (sog. Änderungskündigungsschutzklage; → *Frage 106: Wie kann der Arbeitnehmer auf eine Änderungskündigung reagieren?*). Die Frist gilt unabhängig davon, ob die Kündigung wegen eines **Verstoßes gegen § 1 KSchG oder aus anderen Gründen** (zB Sonderkündigungsschutz, fehlerhafte Anhörung des Betriebsrats) unwirksam ist (Fitting BetrVG § 102 Rn. 63a). Die Frist gilt sowohl für die ordentliche als auch die außerordentliche Kündigung.

202. Was passiert, wenn der Arbeitnehmer die Drei-Wochen-Frist nicht einhält?

Hat der Arbeitnehmer die Frist zur Erhebung der Kündigungsschutzklage versäumt, so gilt die Kündigung nach § 7 KSchG **als von Anfang an rechtswirksam** (Fitting BetrVG § 102 Rn. 63a). Im Ergebnis wird dann so getan, als ob die Kündigung wirksam war (sog. **Fiktion**). Der Arbeitnehmer hat keine Möglichkeit mehr, die Unwirksamkeit der Kündigung feststellen zu lassen.

203. Was ist, wenn der Arbeitnehmer erst nach Ablauf der Drei-Wochen-Frist erfährt, dass ihm eine Kündigung zugegangen ist?

In **Ausnahmefällen** kann die Erhebung einer Kündigungsschutzklage auch noch nach Ablauf der Drei-Wochen-Frist erfolgen. Nach § 5 Abs. 1 S. 1 KSchG ist eine Kündigungsschutzklage nachträglich zuzulassen, wenn der Arbeitnehmer nach erfolgter Kündigung trotz Anwendung aller ihm nach Lage der Umstände **zuzumutenden Sorgfalt** verhindert war, die Klage rechtzeitig beim Arbeitsgericht zu erheben. Die Möglichkeit besteht u. a. bei einer längeren Urlaubsabwesenheit oder einem längeren Krankenhausaufenthalt (BAG 22.3.2012 – 2 AZR 224/11; LAG Köln 28.12.2004 – 11 Ta 285/04), nicht jedoch bei einem dauerhaften Auslandsaufenthalt ohne Vorkehrungen der Kontrolle der Post durch Dritte (BAG 25.4.2018 – 2 AZR 493/17). Wichtig ist allerdings, dass gem. § 5 Abs. 2 KSchG ein **Antrag** auf nachträgliche Zulassung beim Arbeitsgericht zu stellen ist. In diesem müssen dann auch die Tatsachen geschildert und glaubhaft gemacht werden (zB durch eidesstattliche Versicherung), damit das Arbeitsgericht über die nachträgliche Zulassung entscheiden kann (BAG 2.3.1989 – 2 AZR 275/88).

204. Wie kann ein Kündigungsschutzverfahren enden?

Ein Kündigungsschutzverfahren kann u. a. dadurch enden, dass das Arbeitsgericht dem Arbeitnehmer Recht gibt und feststellt, dass die Kündigung unwirksam ist. Dann **besteht das Arbeitsverhältnis fort.** Ebenfalls kann es den Antrag des Arbeitnehmers abweisen, womit die Beendigung des Arbeitsverhältnisses festgestellt wird. Häufig endet ein Kündigungsschutzverfahren allerdings mit einem **gerichtlichen Vergleich.** Der Arbeitgeber zahlt in diesem Fall in der Regel eine Abfindung (→ *Frage 157: Gibt es immer einen Anspruch auf Abfindung bei einer Kündigung?*). Der Arbeitnehmer verzichtet im Gegenzug auf eine Weiterverfolgung der Kündigungsschutzklage. Die Konditionen des Vergleichs (zB die Abfindungshöhe) sind eine Frage des Einzelfalls. Ferner besteht in Ausnahmefällen auch die Möglichkeit, dass das Arbeitsgericht das **Arbeitsverhältnis auflöst** (→ *Frage 205: Wann wird ein Arbeitsverhältnis auf Antrag des Arbeitnehmers vom Arbeitsgericht aufgelöst?*).

205. Wann wird ein Arbeitsverhältnis auf Antrag des Arbeitnehmers vom Arbeitsgericht aufgelöst?

Voraussetzungen für die Auflösungsentscheidung sind:

- die Feststellung des Arbeitsgerichts im Rahmen eines Kündigungsschutzverfahrens, dass das Arbeitsverhältnis
  - entweder gem. § 9 Abs. 1 S. 1 KSchG durch die **ordentliche Kündigung** nicht aufgelöst ist bzw. die Kündigung **(auch)** aufgrund der **Sozialwidrigkeit** gem. § 1 KSchG unwirksam ist oder
  - gem. § 13 Abs. 2 KSchG nicht aufgelöst ist, weil die **Kündigung** gegen die **guten Sitten verstößt** oder
  - gem. § 13 Abs. 1 S. 3 KSchG durch die **außerordentliche Kündigung** nicht aufgelöst ist bzw. diese unbegründet ist, und
- die **Unzumutbarkeit** einer Fortsetzung des Arbeitsverhältnisses und
- ein **Antrag** des Arbeitnehmers.

206. Wann wird ein Arbeitsverhältnis auf Antrag des Arbeitgebers vom Arbeitsgericht aufgelöst?

Voraussetzung für die Auflösungsentscheidung gem. § 9 Abs. 1 S. 2 KSchG sind:

- die Feststellung des Arbeitsgerichts im Rahmen eines Kündigungsschutzverfahrens, dass das Arbeitsverhältnis durch die ordentliche Kündigung nicht aufgelöst bzw. die Kündigung **nur** aufgrund der **Sozialwidrigkeit** gem. § 1 KSchG unwirksam ist und
- das Vorliegen von Gründen, die eine den Betriebszwecken dienliche weitere Zusammenarbeit zwischen Arbeitgeber und Arbeitnehmer nicht erwarten lassen, und
- ein Antrag des Arbeitgebers (BAG 31.7.2014 – 2 AZR 434/13).

207. Was muss das Arbeitsgericht bei einer Auflösungsentscheidung machen?

Das Arbeitsgericht hat dem Arbeitnehmer eine Abfindung zuzusprechen. Die Höhe der Abfindung steht im **Ermessen** des Arbeitsgerichts und ist einzelfallabhängig (BAG 21.7.2012 – 2 AZR 694/11). Allerdings werden in § 10 KSchG **Höchstgrenzen** definiert. In der Regel ist gem. § 10 Abs. 1 KSchG als Abfindung ein Betrag von bis zu zwölf Monatsverdiensten festzusetzen, bei älteren Arbeitnehmern gelten gem. § 10 Abs. 2 KSchG andere Höchstgrenzen.

XX. Weiterbeschäftigungsanspruch

Der Widerspruch des Betriebsrats löst regelmäßig einen Weiterbeschäftigungsanspruch des Arbeitnehmers aus. Die nachfolgenden Fragen und Antworten befassen sich mit den wichtigsten Fragen zum Thema Weiterbeschäftigungsanspruch.

208. Welche Weiterbeschäftigungsansprüche gibt es?

Bis zu einer Beendigung des Arbeitsverhältnisses, dh bis zum Ablauf der Kündigungsfrist, hat ein Arbeitnehmer **Anspruch auf tatsächliche Beschäftigung.** Rechtsgrundlage hierfür sind die §§ 611, 613 BGB iVm § 242 BGB (BAG 24.6.2015 – 5 AZR 462/14, 5 AZR 225/14). Nach Beendigung des Arbeitsverhältnisses enthält § 102 Abs. 5 BetrVG einen **gesetzlich geregelten Weiterbeschäftigungsanspruch.** Darüber hinaus hat die Rechtsprechung den sog. **allgemeinen Weiterbeschäftigungsanspruch** (→ *Frage 213: Was ist ein allgemeiner Weiterbeschäftigungsanspruch?*) entwickelt.

→ *Muster 15: Übersicht Voraussetzungen Weiterbeschäftigungsanspruch gem. § 102 Abs. 5 BetrVG*

→ *Muster 16: Beispiel zu Zeiträumen der Weiterbeschäftigungsansprüche*

209. Welche Voraussetzungen hat der Weiterbeschäftigungsanspruch gem. § 102 BetrVG?

Der Arbeitnehmer hat einen Weiterbeschäftigungsanspruch gem. § 102 Abs. 5 BetrVG, wenn:

- der Arbeitgeber eine **ordentliche Kündigung** erklärt hat,
- ein ordnungsgemäßer **Widerspruch des Betriebsrats** vorliegt,
- das **KSchG** auf das Arbeitsverhältnis anwendbar ist,
- der Arbeitnehmer rechtzeitig **Kündigungsschutzklage** erhoben hat und
- er vom Arbeitgeber die **Weiterbeschäftigung verlangt**

(Fitting BetrVG § 102 Rn. 103 ff.).

→ *Muster 15: Übersicht Voraussetzungen Weiterbeschäftigungsanspruch gem. § 102 Abs. 5 BetrVG*

210. Wie wird der Weiterbeschäftigungsanspruch gem. § 102 BetrVG geltend gemacht?

Der Arbeitnehmer hat dem Arbeitgeber bis zum Ablauf der Kündigungsfrist, spätestens aber am ersten Arbeitstag nach Ablauf der Kündigungsfrist seine **Arbeitskraft anzubieten** und seine Weiterbeschäftigung nach § 102 Abs. 5 BetrVG zu verlangen. Dies kann nicht vom Betriebsrat erledigt werden (Fitting BetrVG § 102 Rn. 106). Es ist formlos möglich. Der Arbeitnehmer sollte sein Verlangen allerdings aus Beweisgründen **schriftlich** erklären.

→ *Muster 17: Übersicht Streitigkeiten*

Formulierungsmuster

„Sehr geehrter Herr Geschäftsführer, hiermit verlange ich meine Weiterbeschäftigung auch nach Beendigung meines Arbeitsverhältnisses gem. § 102 Abs. 5 BetrVG, da der Betriebsrat bekanntlich der mir gegenüber ausgesprochenen Kündigung widersprochen hat."

211. Was bedeutet es, dass der Arbeitnehmer einen Weiterbeschäftigungsanspruch gem. § 102 BetrVG hat?

Sind die Voraussetzungen des Weiterbeschäftigungsanspruchs erfüllt und hat sich der Arbeitgeber von seiner Verpflichtung nicht entbinden lassen (→ *Frage 212: Wann kann sich der Arbeitgeber vom Weiterbeschäftigungsanspruch gem. § 102 BetrVG entbinden lassen?*), so hat der Arbeitnehmer auch nach Ablauf der Kündigungsfrist **bis zum rechtskräftigen Abschluss des Rechtsstreits** einen Anspruch auf Beschäftigung und Bezahlung zu **unveränderten Arbeitsbedingungen.** Dieser besteht unabhängig davon, ob die Kündigung wirksam oder unwirksam ist (Fitting BetrVG § 102 Rn. 103, 114). Der Vorteil besteht insbesondere in den Fällen, in denen das Gericht die Wirksamkeit einer Kündigung feststellt. Schließlich hat der Arbeitnehmer in diesem Fall ein **besonderes gesetzliches Beschäftigungsverhältnis,** das erst mit dem rechtskräftigen Abschluss des Kündigungsschutzverfahrens endet (Fitting BetrVG § 102 Rn. 103).

212. Wann kann sich der Arbeitgeber vom Weiterbeschäftigungsanspruch gem. § 102 BetrVG entbinden lassen?

Gem. § 102 Abs. 5 BetrVG kann das Arbeitsgericht den Arbeitgeber auf Antrag durch **einstweilige Verfügung** von der Verpflichtung zur Weiterbeschäftigung entbinden. Erforderlich ist, dass eine der nachfolgenden Voraussetzungen erfüllt wird:

1. Die Klage des Arbeitnehmers scheint **keine hinreichende Aussicht auf Erfolg** zu bieten oder erscheint **mutwillig** oder
2. die Weiterbeschäftigung des Arbeitnehmers würde zu einer **unzumutbaren wirtschaftlichen Belastung** des Arbeitgebers führen oder
3. der **Widerspruch** des Betriebsrats war **offensichtlich unbegründet**

(vgl. ausführlich Fitting BetrVG § 102 Rn. 117 ff.).

→ *Muster 15: Übersicht Voraussetzungen Weiterbeschäftigungsanspruch gem. § 102 Abs. 5 BetrVG*

→ *Muster 17: Übersicht Streitigkeiten*

213. Was ist ein allgemeiner Weiterbeschäftigungsanspruch?

Der allgemeine Beschäftigungsanspruch ist **gesetzlich nicht ausdrücklich geregelt.** Er wurde von der Rspr. entwickelt und besteht unabhängig von den Voraussetzungen des § 102 Abs. 5 BetrVG, bspw. auch in Betrieben ohne Betriebsrat. Danach kann der Arbeitnehmer seine Weiterbeschäftigung in der Regel verlangen, wenn er eine **Kündigungsschutzklage** erhoben und in erster Instanz vor dem Arbeitsgericht ein obsiegendes Urteil erstritten hat. Dieser Beschäftigungsanspruch besteht dann regelmäßig, bis eine gegenteilige Entscheidung des LAG oder des BAG ergehen sollte (BAG (GS) 27.2.1985 – GS 1/84; Fitting BetrVG § 102 Rn. 108).

214. Was ist der Unterschied zwischen dem Weiterbeschäftigungsanspruch gem. § 102 BetrVG und dem allgemeinen Weiterbeschäftigungsanspruch?

Der wesentliche Unterschied zum Weiterbeschäftigungsanspruch gem. § 102 Abs. 5 BetrVG liegt darin, dass der allgemeine Weiterbeschäftigungsanspruch grundsätzlich erst beginnt, wenn das Urteil der ersten Instanz vorliegt. Das bedeutet, dass zwischen Ende des Arbeitsverhältnisses und dem Urteil der ersten Instanz anders als beim Weiterbeschäftigungsanspruch gem. § 102 Abs. 5 BetrVG eine **Beschäftigungslücke** auftreten kann. Im Übrigen gilt der allgemeine Weiterbeschäftigungsanspruch **für jede Kündigung** und unabhängig davon, ob ein Betriebsrat besteht bzw. einer Kündigung widersprochen hat (BAG (GS) 27.2.1985 – GS 1/84; Fitting BetrVG § 102 Rn. 108).

→ *Muster 16: Beispiel zu Zeiträumen der Weiterbeschäftigungsansprüche*

Muster

Muster 1: Übersicht Prüfungsreihenfolge einer betriebsbedingten Kündigung

1. Stufe: Wegfall der Beschäftigungsmöglichkeit

➔ durch äußere Umstände (Auftragsrückgang/Absatzschwierigkeiten) oder innerbetriebliche Umstände (Rationalisierung/Umstrukturierung) veranlasste unternehmerische Entscheidung

➔ unternehmerische Entscheidung ist gerichtlich nur hinsichtlich Willkür, offensichtlicher Unsachlichkeit oder offensichtlicher Unvernunft überprüfbar

2. Stufe: Verhältnismäßigkeit der Kündigung

➔ Bestehen anderweitiger Arbeitsplätze im Unternehmen (ausnahmsweise auch Konzern)

- gleichwertiger Arbeitsplatz oder
- nach zumutbarer Qualifikation oder
- zu geänderten Arbeitsbedingungen mit Einverständnis Arbeitnehmer

➔ wenn ja: Vorrang der Versetzung/Änderungskündigung als milderes Mittel

3. Stufe: Sozialauswahl

➔ einzubeziehen sind alle vergleichbaren Arbeitsplätze im Betrieb (nicht im Unternehmen)

➔ abzustellen ist auf die horizontale Vergleichbarkeit, also auf Arbeitnehmer, die gegenseitig austauschbar sind

➔ Herausnahme sog Leistungsträger möglich

➔ ggf. Bildung von Altersgruppen

➔ Berücksichtigung von Betriebszugehörigkeit, Alter, Unterhaltspflichten, Schwerbehinderung

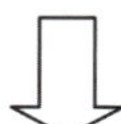

4. Interessenabwägung

➔ finale Interessenabwägung

➔ Verhältnismäßigkeit, „ultima ratio"-Prinzip

Muster 2: Beispiele für Punkteschema zur Sozialauswahl

	BAG 18.1.1990 – 2 AZR 357/89	BAG 23.11.2000 – 2 AZR 533/99	BAG 6.7.2006 – 2 AZR 442/05	BAG 19.6.2007 – 2 AZR 304/06	BAG 6.11.2008 – 2 AZR 523/07	BAG 24.10.2013 – 6 AZR 854/11
Betriebszugehörigkeit	1 Punkt pro Jahr, vom 11. Jahr an 2 Punkte, max. bis Alter 55	1 Punkt pro Jahr	1,5 Punkte pro Jahr, vom 11. Jahr an 2 Punkte, max. 75 Punkte	1 Punkt pro Jahr, vom 11. Jahr an 2 Punkte, max. 70 Punkte	1,5 Punkte pro Jahr	1 Punkt pro Jahr, vom 11. Jahr an 2 Punkte, max. 70 Punkte
Lebensalter	1 Punkt pro vollendetem Lebensjahr bis 55 Jahre	bis 20 Jahre: 0 Punkte; bis 30: 1 Punkt; bis 40: 3 Punkte; bis 50: 6 Punkte; bis 57: 8 Punkte, über 57: 10 Punkte	1 Punkt pro vollendetem Lebensjahr bis 55 Jahre	1 Punkt pro vollendetem Lebensjahr bis 55 Jahre	1 Punkt pro vollendetem Lebensjahr ab 18. Lebensjahr	1 Punkt pro vollendetem Lebensjahr bis 55 Jahre
Unterhaltspflicht	4 Punkte je unterhaltsberechtigtem Kind; 8 Punkte für unterhaltsberechtigten Ehegatten	3 Punkte je Ehegatte und 3 Punkte für jedes unterhaltsberechtigte Kind	5 Punkte je unterhaltsberechtigtem Kind; 4 Punkte für Ehegatten; max. 55 Punkte	5 Punkte pro unterhaltsberechtigtem Kind; zzgl. 5 Punkte pro Kind pro Pflegestufe; 4 Punkte für Ehe/Lebenspartnerschaft	7 Punkte je unterhaltsberechtigtem Kind; 5 Punkte für Ehe/Lebenspartnerschaft	4 Punkte je unterhaltsberechtigtem Kind; 8 Punkte für unterhaltsberechtigten Ehegatten
Schwerbehinderung	5 Punkte bei Schwerbehinderung oder Gleichstellung; über 50 GdB: 1 weiterer Punkt je 10 GdB	(im Fall keine Schwerbehinderten vorhanden)	1 Punkte je 10% Erwerbsminderung	5 Punkte bei Schwerbehinderung/Gleichstellung; über 50 GdB: 1 weiterer Punkt je 10 GdB	Schwerbehinderung 11 Punkte, Gleichstellung 9 Punkte	5 Punkte bei Schwerbehinderung/Gleichstellung; über 50 GdB: 1 weiterer Punkt je 10 GdB
Sonstiges		Sozialauswahl in sechs Altersgruppen: bis 20 Jahre, bis 30 Jahre, bis 40 Jahre, bis 50 Jahre, bis 57 Jahre, ab 57 Jahre.	Sozialauswahl in drei Altersgruppen: Jahrgang 1942–1951, Jahrgang 1952–1961 und Jahrgang 1962–1971	Sozialauswahl in fünf Altersgruppen: bis 29 Jahre, 30–39, 40–49, 50–59, ab 60 Jahre; besondere Härtefälle bis 10 Punkte	Sozialauswahl in fünf Altersgruppen: bis 25 Jahre, 26–35 Jahre, 36–45 Jahre, 46–55 Jahre, ab 56 Jahre	Sozialauswahl in fünf Altersgruppen: bis 24 Jahre, 25–34 Jahre, 35–44 Jahre, 45–54 Jahre, ab 55 Jahre

Muster 3: Übersicht Prüfungsreihenfolge einer personenbedingten Kündigung wegen Krankheit

1. Stufe: Negative gesundheitliche Zukunftsprognose

→ aus den Fehlzeiten der Vergangenheit kann auf künftige Fehlzeiten geschlossen werden (Indizwirkung)
→ häufige Kurzerkrankungen: > ca. 6 Wochen arbeitsunfähig pro Kalenderjahr, bei Betrachtung von ca. 3–4 Jahren
→ Langzeiterkrankung: Durchgehende Arbeitsunfähigkeit über längeren Zeitraum

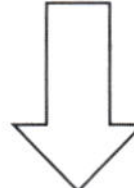

2. Stufe: erhebliche Auswirkungen auf den Betrieb

→ zB durch:
- Störungen des Betriebsablaufs
- finanzielle Belastung des Arbeitgebers durch Entgeltfortzahlungskosten

3. Stufe: Umfassende Interessenabwägung, Verhältnismäßigkeit der Kündigung

→ Gibt es mildere Mittel als eine Kündigung? ZB Versetzung an einen Arbeitsplatz, bei dem sich die Erkrankung nicht auswirkt?
→ Berücksichtigung von Betriebszugehörigkeit, Alter, Unterhaltspflichten, Schwerbehinderung

Muster 4: Übersicht Prüfungsreihenfolge einer ordentlichen verhaltensbedingten Kündigung

1. Stufe: Verletzung einer arbeitsvertraglichen Pflicht

→ Verletzung von Haupt- oder Nebenpflichten, zB:
- Vermögensschädigung des Arbeitgebers
- beharrliche Arbeitsverweigerung
- häufiges Zuspätkommen
- unentschuldigtes Fehlen
- wiederholt verspätete Krankmeldungen
- Vortäuschen einer Arbeitsunfähigkeit
- Beleidigungen/Tätlichkeiten

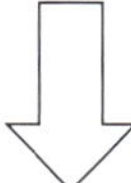

2. Stufe: Verhältnismäßigkeit der Kündigung

→ Gibt es ein milderes Mittel als die Kündigung?
→ Wurde bereits eine einschlägige Abmahnung für das Fehlverhalten ausgesprochen?
→ Ist das Vertrauensverhältnis zwischen Arbeitgeber und Arbeitnehmer unwiederbringlich zerstört?
→ Ist mit einer Besserung des Verhaltens des Arbeitnehmers zu rechnen?
→ Ist die Versetzung an einen anderen Arbeitsplatz möglich?

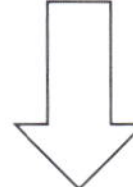

3. Stufe: Umfassende Interessenabwägung, Einzelfallbetrachtung

→ Kriterien:
u.a.:
- Betriebszugehörigkeit, Alter, Unterhaltspflichten, Schwerbehinderung
- Schwere der Pflichtverletzung
- Schwere der Tatfolgen

Muster 5: Übersicht Prüfungsreihenfolge einer verhaltensbedingten außerordentlichen Kündigung

1. Stufe: „wichtiger Grund" iSd § 626 Abs. 1 BGB

→ Liegt ein Sachverhalt vor, der „an sich" geeignet ist, einen wichtigen Kündigungsgrund darzustellen?
→ erforderlich: schwerwiegendes, rechtswidriges und schuldhaftes Fehlverhalten eines Arbeitnehmers
→ Wurde die Kündigung innerhalb von 2 Wochen nach Kenntniserlangung des Arbeitgebers über die Kündigungsgründe ausgesprochen (§ 626 Abs. 2 BGB)?

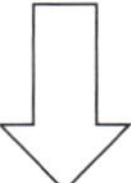

2. Stufe: Umfassende Interessenabwägung

→ Ist die Fortsetzung des Arbeitsverhältnisses unter Berücksichtigung der konkreten Umstände des Einzelfalls und unter Abwägung der Interessen beider Seiten jedenfalls bis zum Ablauf der Kündigungsfrist zumutbar?
→ Wenn ja: außerordentliche Kündigung ist unwirksam

Muster 6: Beschluss Unterlassung der Anwendung einer Auswahlrichtlinie; gerichtliche Durchsetzung und Beauftragung Rechtsanwalt

Der Betriebsrat beschließt, Herrn Rechtsanwalt ...... mit der Einlegung einer einstweiligen Verfügung zu beauftragen. Ziel ist es, den Arbeitgeber zu verpflichten, es zu unterlassen, ohne Zustimmung des Betriebsrats oder einer Ersetzung der Zustimmung durch eine Einigungsstelle eine Sozialauswahl nach einem Punkteschema vorzunehmen.[1]

Anmerkungen

1 → *Muster 17: Übersicht Streitigkeiten*

Muster 7: Übersicht Reaktionsmöglichkeiten bei einer Änderungskündigung

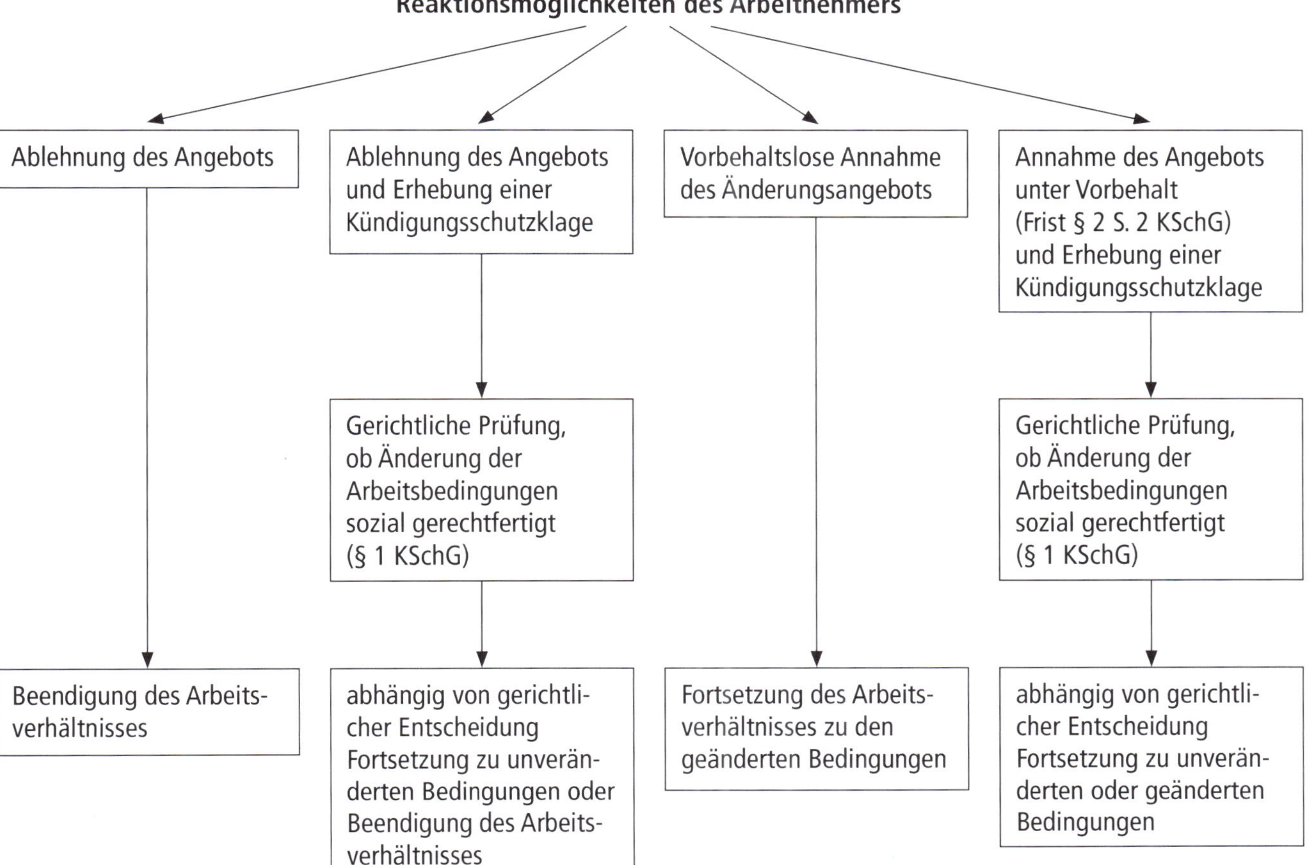

Muster 8: Ablauf Betriebsratsbeteiligung und Kündigung

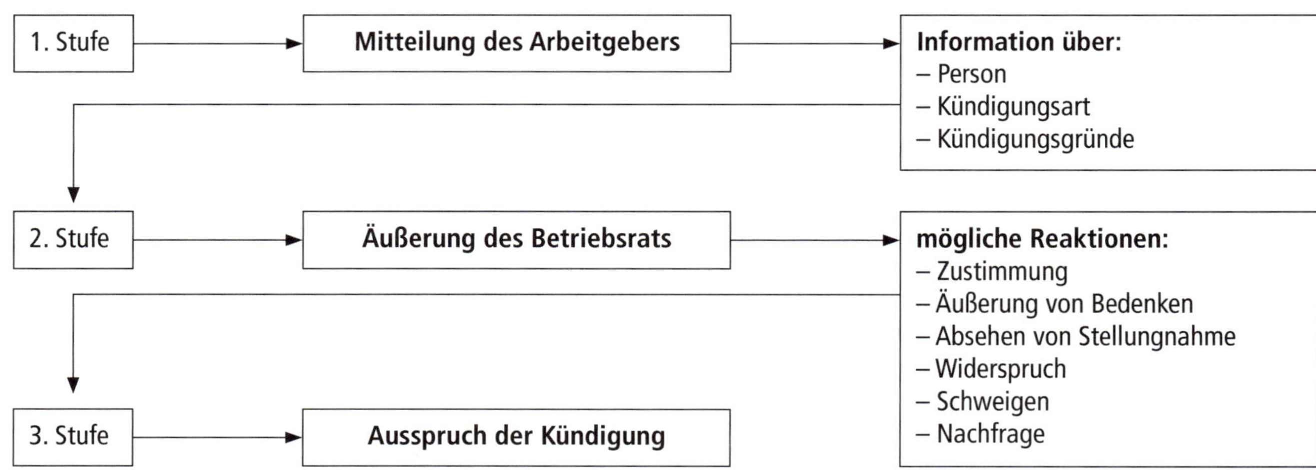

Muster 9: Reaktionsmöglichkeiten des Betriebsrats bei Kündigungsanhörung gem. § 102 BetrVG

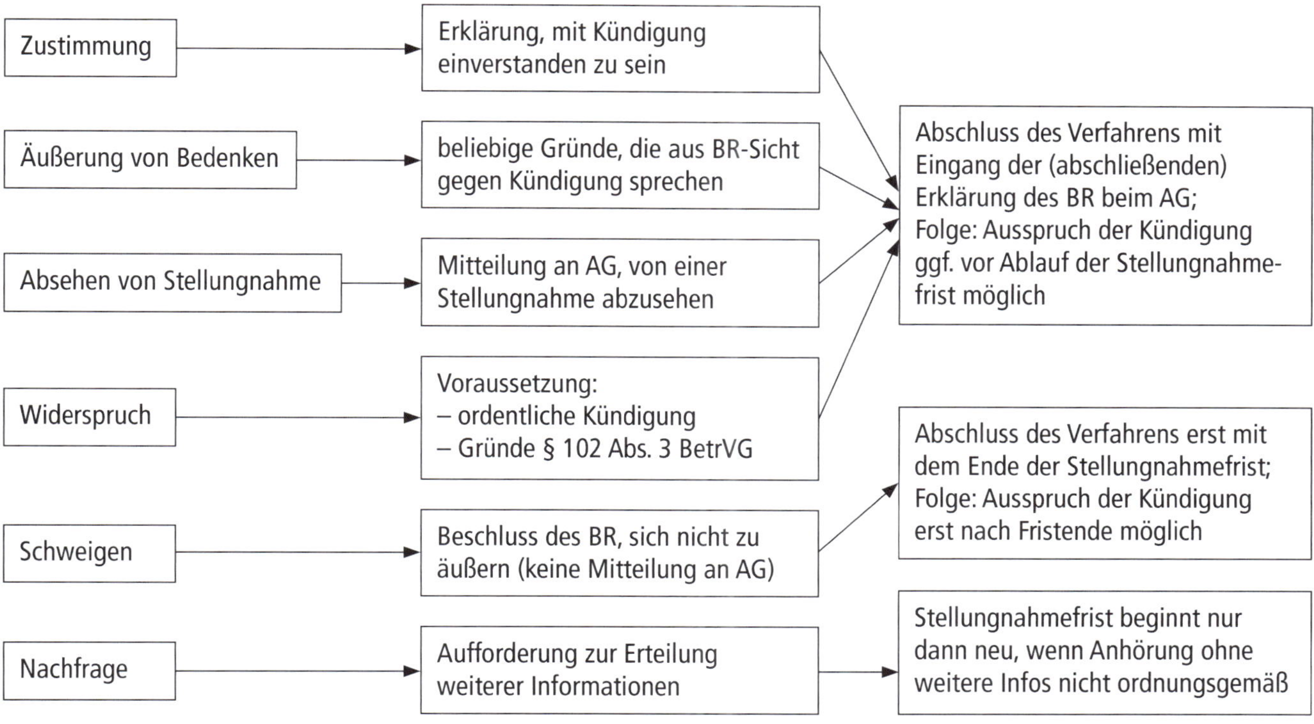

Muster 10: Beschluss Widerspruch zu einer ordentlichen Kündigung

Der Betriebsrat beschließt in seiner Sitzung vom ...... gegen die Kündigung des Herrn Meier Widerspruch einzulegen, der wie folgt begründet wird:

Der Arbeitgeber hat soziale Gesichtspunkte nicht ausreichend berücksichtigt. Schließlich ist Herr Meier bereits seit 12 Jahren Arbeitnehmer des Unternehmens. Er ist seinen drei Kindern sowie seiner Ehefrau zum Unterhalt verpflichtet. Demgegenüber verfügen andere Arbeitnehmer seiner Abteilung nur über kurze Betriebszugehörigkeitszeiten. Herr Müller und Herr Schulze haben zudem keine Unterhaltsverpflichtungen (vgl. § 102 Abs. 3 Nr. 1 BetrVG).

Die Kündigung verstößt zudem gegen die BV Auswahlrichtlinie bei Kündigungen vom .... Nach dem dort geregelten Punkteschema wäre Herr Meier im Vergleich zu den Kollegen Müller und Schulze sozial schutzwürdiger (vgl. § 102 Abs. 3 Nr. 2 BetrVG).

Gegen die Kündigung wird weiter Widerspruch eingelegt, weil Herr Meier in der Abteilung Kundenbetreuung eingesetzt werden könnte. In dieser Abteilung werden derzeit mehrere Arbeitsplätze ausgeschrieben (vgl. § 102 Abs. 3 Nr. 3 BetrVG).

Er ist in der Lage und bereit, nach Absolvierung einer Fortbildung die dort anfallenden Arbeiten zu übernehmen. Erforderlich ist lediglich eine Fortbildung zur Kundenbetreuungssoftware XY im Umfang von drei Wochen. Diese Fortbildungsveranstaltung wird für einige neue Arbeitnehmer in zwei Wochen ebenfalls angeboten, sodass von einer Zumutbarkeit auszugehen ist (vgl. § 102 Abs. 3 Nr. 4 BetrVG).

Gegen die Kündigung wird auch Widerspruch eingelegt, weil Herr Meier bereit ist, eine Tätigkeit als Empfangsmitarbeiter anzunehmen. Die entsprechende Stelle soll zeitnah nachbesetzt werden, weil der derzeitige Stelleninhaber Kuntze zum Monatsende gekündigt hat (vgl. § 102 Abs. 3 Nr. 3 und 5 BetrVG).[1]

Anmerkungen

1 Vgl. auch Fitting BetrVG § 102 Rn. 74.

Muster 11: Beschluss von Bedenken gegen eine außerordentliche Kündigung

Der Betriebsrat beschließt, gegen die beabsichtigte außerordentliche Kündigung des Arbeitnehmers Müller Bedenken zu erheben, die wie folgt begründet werden:

Der Betriebsrat hat in der außerordentlichen Sitzung vom ...... über die beabsichtigte außerordentliche Kündigung des Arbeitnehmers Müller beraten.

In dieser Sitzung wurde auch der betroffene Arbeitnehmer Müller angehört. Dabei hat Herr Müller mitgeteilt, dass die ihm gegenüber geäußerten Vorwürfe schon seit dem ......, also schon länger als zwei Wochen, bekannt sind. Daher würde die außerordentliche Kündigung gegen § 626 Abs. 2 BGB verstoßen, wonach der Ausspruch der außerordentlichen Kündigung nur innerhalb von zwei Wochen seit Kenntnis der Kündigungsgründe erfolgen kann.

Der Betriebsrat hat hinsichtlich der Herrn Müller zur Last gelegten Vorwürfe eigenständige Recherchen vorgenommen. Danach liegt schon kein Arbeitsvertragsverstoß vor, da sich das Geschehen nach den glaubwürdigen Äußerungen von Herrn Müller wie folgt abspielte:
(......)
Jedenfalls ist der Sachverhalt nicht geeignet, einen wichtigen Grund für eine außerordentliche Kündigung darzustellen. Nach Ansicht des Betriebsrats handelt es sich – wenn überhaupt – um eine geringfügige Pflichtverletzung, sodass eine Abmahnung hier unter dem Aspekt der Verhältnismäßigkeit ausreichen würde.

Unter Abwägung aller Umstände des Einzelfalls hält der Betriebsrat den Ausspruch der beabsichtigen außerordentlichen Kündigung für völlig unverhältnismäßig.

Muster 12: Beschlussfassung über keine Stellungnahme zur Kündigungsabsicht

Der Betriebsrat stellt fest, dass er zu der beabsichtigten Kündigung des Arbeitnehmers Herrn X ordnungsgemäß nach § 102 Abs. 1 BetrVG angehört wurde. Der Betriebsrat beschließt, in diesem Zusammenhang keine weitere Stellungnahme abzugeben.

Muster 13: Anschreiben an Arbeitgeber, Nachfrage nach weiteren Informationen

Sehr geehrter Herr Geschäftsführer/Personalleiter,

der Betriebsrat wurde durch schriftliche Mitteilung vom ...... über die beabsichtigte Kündigung des Herrn Müller unterrichtet. In diesem Zusammenhang hält der Betriebsrat die bislang zur Verfügung gestellten Informationen für nicht ausreichend. Er hat deshalb in seiner Sitzung vom ...... beschlossen, die Geschäftsleitung aufzufordern, den Betriebsrat über nachfolgende Punkte zu unterrichten:

- etwaig bestehende Unterhaltsverpflichtungen des Herrn Müller;
- Mitteilung, ob in der Vergangenheit bereits Abmahnungen ausgesprochen wurden;
- ggf. Vorlage sämtlicher bisher ausgesprochener Abmahnungen.

Der Betriebsrat weist vorsorglich darauf hin, dass die Stellungnahmefrist erst nach vollständiger Unterrichtung beginnt.

Mit freundlichen Grüßen

Betriebsrat

Muster 14: Übersicht Sonderkündigungsschutz Ersatzmitglied

Zeiträume	**1. Zeitraum:** 6 Monate nach Bekanntgabe des Wahlergebnisses	**2. Zeitraum:** zwischen 1. und 3. Zeitraum	**3. Zeitraum:** Verhinderung eines BR-Mitglieds	**4. Zeitraum:** ein Jahr nach Verhinderung eines BR-Mitglieds und Wahrnehmung "BR-Aufgaben"	**5. Zeitraum:** nach 4. Zeitraum
Schutz vor ordentlichen Kündigungen?	Schutz vor ordentlichen Kündigungen gem. § 15 Abs. 3 KSchG (Wahlbewerber)	kein Schutz vor ordentlichen Kündigungen	Schutz vor ordentlichen Kündigungen gem. § 15 Abs. 3 KSchG	Schutz vor ordentlichen Kündigungen gem. § 15 Abs. 3 KSchG	kein Schutz vor ordentlichen Kündigungen
Schutz vor außerordentlichen Kündigungen?	kein Schutz vor außerordentlichen Kündigungen	kein Schutz vor außerordentlichen Kündigungen	Schutz vor außerordentlichen Kündigungen gem. § 103 Abs. 1 BetrVG	kein Schutz vor außerordentlichen Kündigungen	kein Schutz vor außerordentlichen Kündigungen

Muster 15: Übersicht Voraussetzungen Weiterbeschäftigungsanspruch gem. § 102 Abs. 5 BetrVG

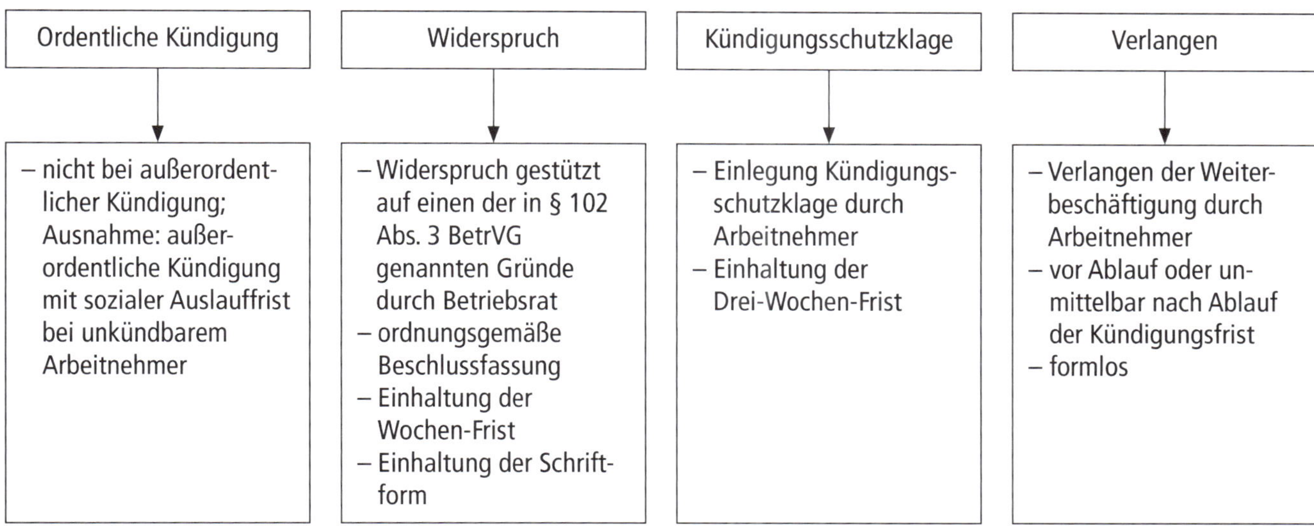

Muster 16: Beispiel zu Zeiträumen der Weiterbeschäftigungsansprüche

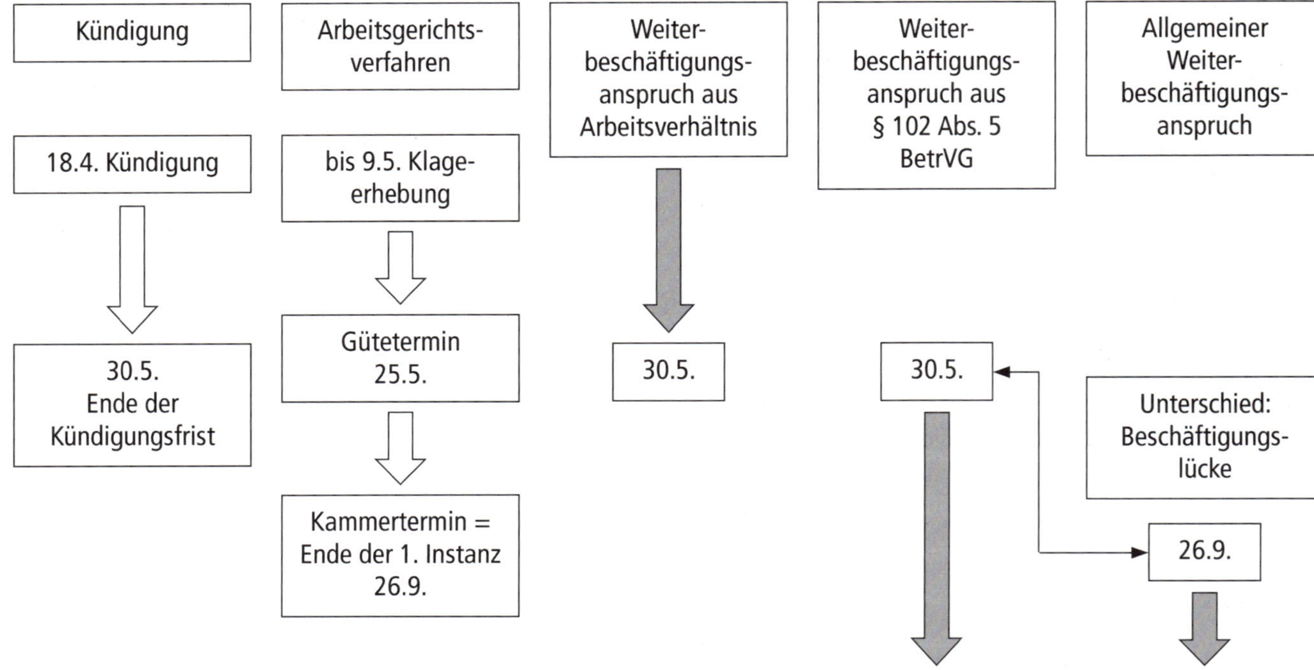

Muster 17: Übersicht Streitigkeiten

Gegenstand	Verfahren	Antragsteller / Kläger
Mitbestimmungsrecht gem. § 102 BetrVG nicht eingehalten	Arbeitsgerichtliches Beschlussverfahren	Betriebsrat
Mitbestimmungsrecht gem. § 95 BetrVG bei Auswahlrichtlinie nicht eingehalten	Arbeitsgerichtliches Beschlussverfahren	Betriebsrat
Herbeiführung einer Auswahlrichtlinie gem. § 95 BetrVG	Einigungsstelle	Arbeitgeber; in Betrieb mit mehr als 500 Arbeitnehmern auch Betriebsrat
Vorgehen gegen Kündigung	Arbeitsgerichtliches Urteilsverfahren	Arbeitnehmer
Vorgehen gegen Abmahnung	Arbeitsgerichtliches Urteilsverfahren	Arbeitnehmer
Zustimmungsersetzung zur Kündigung eines Betriebsratsmitglied gem. § 103 BetrVG	Arbeitsgerichtliches Beschlussverfahren	Arbeitgeber
Durchsetzung Weiterbeschäftigung	Arbeitsgerichtliches Urteilsverfahren (ggf. einstweilige Verfügung)	Arbeitnehmer
Befreiung von Weiterbeschäftigung	Arbeitsgerichtliches Urteilsverfahren – einstweilige Verfügung	Arbeitgeber